根据教育部新编语文教材要求编写

CLASSIC LITERATURE

新课标必读彩绘系列丛书 中国经典

庄子 选译

[战国]庄子/著　王大可/选译

海峡出版发行集团
福建人民出版社

图书在版编目(CIP)数据

庄子选译 / (战国) 庄子著 ; 王大可选译.
— 福州: 福建人民出版社, 2013.7 (2017.8 重印)
(新课标必读彩绘系列丛书)
ISBN 978-7-211-06776-3
Ⅰ. ①庄… Ⅱ. ①庄… ②王… Ⅲ. ①道家②《庄子》—注释 Ⅳ. ①B223.52

中国版本图书馆CIP数据核字(2013)第171402号

庄子选译
ZHUANGZI XUANYI

作　　者: (战国) 庄子 著　王大可 选译
责任编辑: 林 顶
出版发行: 海峡出版发行集团
福建人民出版社　　**电　　话**: 0591-87533169(发行部)
网　　址: http://www.fjpph.com　　**电子邮箱**: fjpph7211@126. com
地　　址: 福州市东水路 76 号　　**邮政编码**: 350001
印　　刷: 福建建本文化产业股份有限公司
地　　址: 福建省福州市仓山区则徐大道 368 号仓山工业小区 2 号楼一层
开　　本: 700 毫米×1000 毫米　1/16
印　　张: 13. 25
字　　数: 152 千字
版　　次: 2013 年 10 月第 1 版
印　　次: 2017 年 8 月第 2 次印刷
书　　号: ISBN 978-7-211-06776-3
定　　价: 24. 80 元

导读

《庄子》是庄子及其后学的著作总集，共三十三篇，分“内篇”、“外篇”、“杂篇”三个部分，中国学术界通行的看法是：内篇为庄子所著，外、杂篇可能掺杂了庄子门人和后学以及道家其他派别的作品。书由战国中晚期逐步流传、糅杂、附益，至西汉大致成形，然而当时流传版本今已失传。目前所传三十三篇，已经晋代人整理，篇目章节与汉代亦有不同。

庄子（约前369—前286年），名周，字子休，战国时代宋国蒙（今河南商丘东北）人。我国古代著名思想家、哲学家、文学家。曾在漆园当过小吏，与梁惠王、齐宣王同时。相传，庄子自幼聪明好学，与惠施为同学、挚友，曾南游楚越，探访古风，一生率性任真，崇尚自然，非毁礼法，傲视王侯。当时诸侯混战，争霸天下，他不愿与统治者同流合污，便辞官隐居，潜心研究道学。他大大继承和发展了老聃、杨朱学说，是道家学派的代表人物，后世将他与老子并称为“老庄”，他们的哲学为“老庄哲学”。

鲁迅先生对庄子文章的评价极高，说庄子文章“汪洋辟阖，仪态万方，晚周诸子之作，莫能先也”（《汉文学史纲要》）。《庄子》在魏晋时期与《周易》、《老子》并称为三玄。到唐代正式成为道教经典之一，称《南华真经》。

《庄子》在哲学、文学上都有较高研究价值。

庄子在哲学上，继承发展了老子的思想，认为“道”是客观真实的存在，把“道”视为宇宙万物的本源。他说：“道之真以修身，其绪余以为国家，其土苴以为天下。”（《庄子·让王篇》）意思是，大道的真髓、精华用以修身，它的余绪用以治理国家，它的糟粕用以教化天下。又说：“无以人灭天，无以故灭命，无以得殉名，谨守而勿失，是谓友其真。”（《庄子·秋水篇》）

意思是，不要为了人工而毁灭天然，不要为了世故去毁灭性命，不要为了贪得去身殉名利，谨守天道而不离失，这就是反朴归真。

总之，他继承了老子《道德经》中“人法地，地法天，天法道，道法自然”的精髓，在政治上主张无为而治，在人类生存方式上主张反朴归真。为此，他对世俗社会的礼、法、权、势进行了尖锐的批判，提出了“圣人不死，大盗不止”，“窃钩者诛，窃国者为诸侯”的精辟见解。在人类生存方式上，他崇尚自然，提倡“天地与我并生，万物与我为一”的精神境界，并且认为，人生的最高境界是逍遥自得，是绝对的精神自由，而不是物质享受与虚伪的名誉。庄子这些思想和主张，对后世影响深远，是人类思想史上一笔宝贵的精神财富。

庄子对后世的影响，不仅表现在他独特的哲学思想上，而且表现在文学上。他的政治主张、哲学思想不是干巴巴的说教，相反，都是通过一个个生动形象、幽默机智的寓言故事，通过汪洋恣肆、仪态万方的语言文字，巧妙活泼、引人入胜地表达出来，具有石破天惊、振聋发聩的艺术感染力。如果说，屈原的离骚是中国浪漫主义诗歌的鼻祖，那么，庄子的文章，无疑是中国浪漫主义散文的先河。

《庄子》注本历来极多，今通行的主要有晋郭象《庄子注》、清朝王先谦《庄子集解》以及郭庆藩《庄子集释》等。

我们这里选译的是最有代表性的内七篇，以及“外篇”中的《秋水》和“杂篇”中的《寓言》。

庄子选译

目录

庄子名言

天地有大美而不言，四时有明法而不议，万物有成理而不说。圣人者，原天地之美而达万物之理。

泉涸，鱼相与处于陆，相呴以湿，相濡以沫，不如相忘于江湖。

夫大块载我以形，劳我以生，佚我以老，息我以死。故善生者，乃所以善死也。

形在江海之上，心存魏阙之下，故寂然凝虑，思接千载，悄然动容，视通万里。

至人无己，神人无功，圣人无名。

朝菌不知晦朔，蟪蛄不知春秋。

方生方死，方死方生；方可方不可，方不可方可。

以指喻指之非指，不若以非指喻指之非指也；以马喻马之非马，不若以非马喻马之非马也。天地一指也，万物一马也。

逍遥游

文章题解 Wenzhang Tijie

“逍遥”意思是优游自得的样子；“逍遥游”就是没有任何束缚地、自由自在地活动。

全文可分为三个部分，第一部分至“圣人无名”，是本篇的主体，从对比许多不能“逍遥”的例子说明，要真正达到自由自在的境界，必须“无己”、“无功”、“无名”。第二部分至“窅然丧其天下焉”，紧承上一部分进一步阐述，说明“无己”是摆脱各种束缚和依凭的唯一途径，只要真正做到忘掉自己、忘掉一切，就能达到逍遥的境界，也只有“无己”的人才是精神境界最高的人。余下为第三部分，论述什么是真正的有用和无用，说明不能为物所滞，要把无用当作有用，进一步表达了反对积极投身社会活动，志在不受任何拘束，追求优游自得的生活旨趣。

本篇是《庄子》的代表篇目之一，充满奇特的想象和浪漫的色彩，寓说理于寓言和生动的比喻中，形成独特的风格。“逍遥游”也是庄子哲学思想的一个重要方面。全篇一再阐述无所依凭的主张，追求精神世界的绝对自由。在庄子的眼里，客观现实中的一事一物，包括人类本身都是对立而又相互依存的，这就没有绝对的自由，要想无所依凭就得无己。因而他希望一切顺乎自然，超脱于现实，否定人在社会生活中的一切作用，把人类的生活与万物的生存混为一体；提倡不滞于物，追求无条件的精神自由。

原 文 YuanWen

北冥[1]有鱼，其名曰鲲[2]。鲲之大，不知其几千里也；化而为鸟，其名为鹏[3]。鹏之背，不知其几千里也；怒[4]而飞，其翼若垂[5]天之云。是鸟也，海运[6]则将徙于南冥。南冥者，天池[7]也。齐谐[8]者，志[9]怪者也。谐之言曰："鹏之徙于南冥也，水击[10]三千里，抟扶摇而上者九万里[11]，去以六月息者也[12]。"野马[13]也，尘埃[14]也，生物之以息相吹也[15]。天之苍苍，其正色邪？其远而无所至极[16]邪？其视下也，亦若是则已矣。且夫水之积也不厚，则其负大舟也无力。覆杯水于坳堂之上[17]，则芥[18]为之舟；置杯焉则胶，水浅而舟大也。风之积也不厚，则其负大翼也无力，故九万里则风斯[19]在下矣。而后乃今培风[20]，背负青天而莫之夭阏者[21]，而后乃今将图南。蜩与学鸠[22]笑之曰："我决[23]起而飞，抢榆枋[24]，时则不至，而控[25]于地而已矣；奚以之九万里而南为[26]？"适莽苍者，三飡而反[28]，腹犹果然[29]；适百里者，宿[30]舂粮；适千里者，三月聚粮。之二虫又何知[31]？小知[32]不及大知，小年不及大年。奚以知其然也？朝菌不知晦朔[33]，蟪蛄不知春秋[34]，此小年也。楚之南有冥灵[35]者，以五百岁为春，五百岁为秋；上古有大椿[36]者，以八千岁为春，八千岁为秋。[37]而彭祖乃今以久特闻[38]，众人匹[39]之，不亦悲乎？

汤之问棘也是已[40]："穷发[41]之北有冥海者，天池也。有鱼焉，其广数千里，未有知其修[42]者，其名曰鲲。有鸟焉，其名为鹏，背若太山[43]，翼若垂天之云；抟扶摇、羊角[44]而上者九万里，绝[45]云气，负青天，然后图南，且适南冥也。斥鴳[46]笑之曰：‘彼且奚适也？我腾跃而上，不过数仞[47]而下，翱翔蓬蒿之间，此亦飞之至[48]也。而彼且奚适也？’”此小大之辩[49]也。

故夫知效一官[50]、行比一乡[51]、德合一君、而徵一国者[52]，其自视也亦若此矣。而宋荣子犹然笑之[53]。且举世而誉之而不加劝[54]，举世而非之而不加沮[55]，定乎内外[56]之分，辩乎荣辱之境[57]，斯已矣。彼其于世，未数数然[58]也。虽然，犹有未树也。夫列子御风而行[59]，泠然[60]善也，旬有五日而后反[61]。彼于致[62]福者，未数数然也。此虽免乎行，犹有所待[63]者也。若夫乘天地之正[64]，而御六气之辩[65]，以游无穷者，彼且恶[66]乎待哉？故曰：至人无己[67]，神人无功[68]，圣人无名[69]。

注释 Zhushi

① 冥：亦作溟，海之意。“北冥”，就是北方的大海。下文的“南冥”仿此。传说北海无边无际，水深而黑。
② 鲲（kūn）：本指鱼卵，这里借表大鱼之名。
③ 鹏：本为古“凤”字，这里用表大鸟之名。
④ 怒：奋起。
⑤ 垂：边远；这个意义后代写作“陲”。一说遮，遮天。
⑥ 海运：海水运动，这里指汹涌的海涛；一说指鹏鸟在海面飞行。徙：迁移。
⑦ 天池：天然的大池。
⑧ 齐谐：书名。一说人名。
⑨ 志：记载。
⑩ 击：拍打，这里指鹏鸟奋飞而起双翼拍打水面。

⑪ 抟（tuán）：环绕而上。一说“抟”当作“搏”，拍击的意思。扶摇：又名叫飙，由地面急剧盘旋而上的暴风。
⑫ 去：离，这里指离开北海。息：停歇。
⑬ 野马：春天林泽中的雾气。雾气浮动状如奔马，故名“野马”。
⑭ 尘埃：扬在空中的土叫“尘”，细碎的尘粒叫“埃”。
⑮ 生物：概指各种有生命的东西。息：这里指有生命的东西呼吸所产生的气息。
⑯ 极：尽。
⑰ 覆：倾倒。坳（ào）：坑凹处，“坳堂”指厅堂地面上的坑凹处。
⑱ 芥：小草。
⑲ 斯：则，就。
⑳ 而后乃今：意思是这之后方才；以下同此解。培：通作“凭”，凭借。
㉑ 莫：这里作没有什么力量讲。夭阏（è）：又写作“夭遏”，意思是遏阻、阻拦。“莫之夭阏”即“莫夭阏之”的倒装。
㉒ 蜩（tiáo）：蝉。学鸠：一种小灰雀，这里泛指小鸟。
㉓ 决（xuè）：通作“翅”，迅疾的样子。
㉔ 抢（qiāng）：突过。榆、枋：两种树名。
㉕ 控：投下，落下来。
㉖ 奚以：何以。之：去到。为：句末疑问语气词。
㉗ 适：往，去到。莽苍：指迷茫看不真切的郊野。
㉘ 飡（cān）：同餐。反：通“返”，返回。
㉙ 犹：还。果然：饱的样子。
㉚ 宿：这里指一夜。
㉛ 之：这。二虫：指上述的蜩与学鸠。
㉜ 知（zhì）：通“智”，智慧。
㉝ 朝：清晨。晦朔：一个月的最后一天和最初天。一说“晦”指黑夜，“朔”指清晨。

㉞ 蟪蛄（huìgū）：即寒蝉，春生复死或复生秋死。

㉟ 冥灵：传说中的大龟，一说树名。

㊱ 大椿：传说中的古树名。

㊲ 根据前后用语结构的特点，此句之下当有“此大年也”一句，但传统本子均无此句。

㊳ 彭祖：古代传说中年寿最长的人。乃今：而今。以：凭。特：独。闻：闻名于世。

㊴ 匹：配，比。

㊵ 汤：商汤。棘：汤时的贤大夫。已：通“矣”。

㊶ 穷发：不长草木的地方。

㊷ 修：长。

㊸ 太山：大山。一说即泰山。

㊹ 羊角：旋风，回旋向上如羊角状。

㊺ 绝：穿过。

㊻ 斥鴳（yàn）：一种小鸟。

㊼ 仞：古代长度单位，周制为八尺，汉制为七尺；这里应从周制。

㊽ 至：极点。

㊾ 辩：通“辨”，辨别、区分的意思。

㊿ 效：功效；这里含有胜任的意思。官：官职。

(51) 行（xìng）：品行。比：比并。

(52) 而：通“能”，能力。徵：取信。

(53) 宋荣子：一名宋钘，宋国人，战国时期的思想家。犹然：讥笑的样子。

(54) 举：全。劝：劝勉，努力。

(55) 非：责难，批评。沮（jǔ）：沮丧。

(56) 内外：这里分别指自身和身外之物。在庄子看来，自主的精神是内在的，荣誉和非难都是外在的，而只有自主的精神才是重要的、可贵的。

(57) 境：界限。

58 数（shuò）数然：急急忙忙的样子。

59 列子：郑国人，名叫列御寇，战国时代思想家。御：驾驭。

60 泠（líng）然：轻盈美好的样子。

61 旬：十天。有：通“又”。

62 致：罗致，这里有寻求的意思。

63 待：凭借，依靠。

64 乘：遵循，凭借。天地：这里指万物，指整个自然线。正：本；这里指自然的本性。

65 御：含有因循、顺着的意思。六气：指阴、阳、风、雨、晦、明。辩：通作“变”，变化的意思。

66 恶（wū）：何，什么。

67 至人：这里指道德修养最高尚的人。无己：清除外物与自我的界限，达到忘掉自己的境界。

68 神人：这里指精神世界完全能超脱于物外的人。无功：不建树功业。

69 圣人：这里指思想修养臻于完美的人。无名：不追求名誉地位。

译文 Yiwen

北方的大海里有一条鱼，它的名字叫作鲲。鲲的体积，真不知道大到几千里；变化成为鸟，它的名字就叫鹏。鹏的脊背，真不知道长到几千里；当它奋起而飞的时候，那展开的双翅就像天边的云。这只鹏鸟呀，随着海上汹涌的波涛迁徙到南方的大海。南方的大海是个天然的大池。《齐谐》是一部专门记载怪异事情的书，这本书上记载说：“鹏鸟迁徙到南方的大海，翅膀拍击水面激起三千里的波涛，海面上急骤的狂风盘旋而上直冲九万里高空，离开北方的大海用了六个月的时间方才停歇下来。”春日林泽原野上蒸腾浮动犹如奔马的雾气，低空里沸沸扬扬的尘埃，都是大自然里各种生物的

气息吹拂所致。天空是那么湛蓝湛蓝的，难道这就是它真正的颜色吗？抑或是高旷辽远没法看到它的尽头呢？鹏鸟在高空往下看，不过也就像这个样子罢了。

再说水汇积不深，它浮载大船就没有力量。倒杯水在庭院的低洼处，那么小小的芥草也可以给它当作船；而搁置杯子就粘住不动了，因为水太浅而船太大了。风聚积不雄厚，它托举巨大的翅膀便力量不够。所以，鹏鸟高飞九万里，狂风就在它的身下，然后方才凭借风力飞行，背负青天而没有什么力量能够阻遏它了，然后才像现在这样飞到南方去。寒蝉与小灰雀讥笑它说："我从地面急速起飞，碰着榆树和檀树的树枝，常常飞不到而落在地上，为什么要到九万里的高空而向南飞呢？"到迷茫的郊野去，带上三餐就可以往返，肚子还是饱饱的；到百里之外去，要用一整夜时间准备干粮；到千里之外去，三个月以前就要准备粮食。寒蝉和灰雀这两个小东西懂得什么！小聪明赶不上大智慧，寿命短比不上寿命长。怎么知道是这样的呢？清晨的菌类不会懂得什么是晦朔，寒蝉也不会懂得什么是春秋，这就是短寿。楚国南边有叫冥灵的大龟，它把五百年当作春，把五百年当作秋；上古有叫大椿的古树，它把八千年当作春，把八千年当作秋，这就是长寿。可是彭祖到如今还是以年寿长久而闻名于世，人们与他攀比，岂不可悲可叹吗？

商汤询问棘的话是这样的："在那草木不生的北方，有一个很深的大海，那就是'天池'。那里有一种鱼，它的脊背有好几千里，没有人能够知道它有多长，它的名字叫作鲲，有一种鸟，它的名字叫鹏，它的脊背像座大山，展开双翅就像天边的云。鹏鸟奋起而飞，翅膀拍击急速旋转向上的气流直冲九万里高空，穿过云气，背负青天，这才向南飞去，打算飞到南方的大海。

斥鴳讥笑它说：'它打算飞到哪儿去？我奋力跳起来往上飞，不过几丈高就落了下来，盘旋于蓬蒿丛中，这也是我飞翔的极限了。而它打算飞到什么地方去呢？'"这就是小与大的不同了。

所以，那些才智足以胜任一个官职，品行合乎一乡人心愿，道德能使国君感到满意，能力足以取信一国之人的人，他们看待自己也像是这样哩。而宋荣子却讥笑他们。世上的人们都赞誉他，他不会因此越发努力，世上的人们都非难他，他也不会因此而更加沮丧。他清楚地划定自身与外物的区别，辨别荣誉与耻辱的界限，不过如此而已呀！宋荣子对于整个社会，从来不急急忙忙地去追求什么。虽然如此，他还是未能达到最高的境界。列子能驾风行走，那样子实在轻盈美好，而且十五天后方才返回。列子对于寻求幸福，从来没有急急忙忙的样子。他这样做虽然免除了行走的劳苦，可还是有所依凭呀。至于遵循宇宙万物的规律，把握"六气"的变化，遨游于无穷无尽的境域，他还仰赖什么呢！因此说，道德修养高尚的"至人"能够达到忘我的境界，精神世界完全超脱物外的"神人"心目中没有功名和事业，思想修养臻于完美的"圣人"从不去追求名誉和地位。

原 文 YuanWen

尧让天下于许由[①]，曰："日月出矣，而爝火[②]不息；其于光也，不亦难乎？时雨[③]降矣，而犹浸灌[④]；其于泽[⑤]也，不亦劳[⑥]乎？夫子立[⑦]而天下治，而我犹尸[⑧]之；吾自视缺然[⑨]，请致[⑩]天下。"许由曰："子[⑪]治天下，天下既已治也；而我犹代子，吾将为名乎？名者，实之宾[⑫]也；吾将为宾乎？鹪鹩[⑬]巢于深林，不过一枝；偃鼠[⑭]饮河，不过满腹。归休[15]乎君，予无所用天下为[16]！庖人[17]虽不治庖，尸祝不越樽俎而代之矣[18]！”

肩吾问于连叔曰[19]：“吾闻言于接舆[20]，大而无当[21]，往而不反[22]。吾惊怖其言。犹河汉而无极也[23]；大有迳庭[24]，不近人情焉。”连叔曰：“其言谓何哉？”曰：“藐姑射之山[25]，有神人居焉。肌肤若冰雪，绰约若处子[26]，不食五谷，吸风饮露，乘云气，御飞龙，而游乎四海之外；其神凝[27]，使物不疵疠[28]而年谷熟。吾以是狂而不信也[29]。”连叔曰：“然。瞽者无以与乎文章之观[30]，聋者无以与乎钟鼓之声。岂唯形骸有聋盲哉？夫知亦有之！是其言也犹时女[31]也。之人也，之德也，将旁礴[32]万物以为一，世蕲乎乱[33]，孰弊弊焉[34]以天下为事！之人也，物莫之伤：大浸稽天而不溺[35]，大旱金石流，土山焦而不热。是其尘垢秕穅将犹陶铸尧舜者也[36]，孰肯以物为事？”

宋人资章甫而适诸越[37]，越人断发文身[38]，无所用之。尧治天下之民，平海内之政，往见四子藐姑射之山，汾水之阳[39]，窅然丧其天下焉[40]。

注释 ZHUSHI

① 尧：我国历史上传说时代的圣明君主。许由：古代传说中的高士，字仲武，隐于箕山。相传尧要让天下给他，他自命高洁而不受。

② 爝（jué）火：炬火，木材上蘸上油脂燃起的火把。

③ 时雨：按时令季节及时降下的雨。

④ 浸灌：灌溉。

⑤ 泽：润泽。

⑥ 劳：这里含有徒劳的意思。

⑦ 立：位，在位。

⑧ 尸：庙中的神主，这里用其空居其位，虚有其名之义。

⑨ 缺然：不足的样子。

⑩ 致：给予。

⑪ 子：对人的尊称。

⑫ 宾：次要的、派生的东西。

⑬ 鷦鷯（jiāoliáo）：一种善于筑巢的小鸟。

⑭ 偃鼠：鼹鼠。

⑮ 休：止，这里是算了的意思。

⑯ 为：句末疑问语气词。

⑰ 庖人：厨师。

⑱ 尸祝：祭祀时主持祭祀的人。樽：酒器。俎：盛肉的器皿。“樽俎”这里代指各种厨事。成语“越俎代庖”出于此。

⑲ 肩吾、连叔：旧说皆为有道之人，实是庄子为表达的需要而虚构的人物。

⑳ 接舆：楚国的隐士，姓陆名通，接舆为字。

㉑ 当（dàng）：底，边际。

㉒ 反：返。

㉓ 河汉：银河。极：边际，尽头。

㉔ 逕：门外的小路。庭：堂外之地。“逕庭”连用，这里喻指差异很大。成语“大相逕庭”出于此。

㉕ 藐（miǎo）：遥远的样子。姑射（yè）：传说中的山名。

㉖ 绰（chuò）约：柔弱、美好的样子。处子：处女。

㉗ 凝：指神情专一。

㉘ 疵疠（lì）：疾病。

㉙ 以：认为。狂：通作“诳”，虚妄之言。信：真实可靠。

㉚ 瞽（gǔ）：盲。文章：花纹、色彩。

㉛ 时：是。女：汝，你。旧注指时女为处女，联系上下文实是牵强，故未从。

㉜ 旁礴：混同的样子。

㉝ 蕲（qí）：祈；求的意思。乱：这里作“治”讲，这是古代同词义反的语言现象。

㉞ 弊弊焉：忙忙碌碌、疲惫不堪的样子。

㉟ 大浸：大水。稽：至。

㊱ 秕：瘪谷。穅：“糠”字之异体。陶：用土烧制瓦器。铸：熔炼金属铸造器物。

㊲ 资：贩卖。章甫：古代殷地人的一种礼帽。适：往。

㊳ 断发：不蓄头发。文身：在身上刺满花纹。越国处南方，习俗与中原的宋国不同。

㊴ 四子：旧注指王倪、齧缺、被衣、许由四人，实为虚构的人物。阳：山的南面或水流的北面。

㊵ 窅（yǎo）然：怅然若失的样子。丧（sàng）：丧失、忘掉。

译 文 Yiwen

尧打算把天下让给许由，说：“太阳和月亮都已升起来了，可是小小的炬火还在燃烧不熄；它要跟太阳和月亮的光亮相比，不是很难吗？季雨及时降落了，可是还在不停地浇水灌地；如此费力的人工灌溉对于整个大地的润泽，不显得徒劳吗？先生如能居于国君之位天下一定会获得大治，可是我还空居其位；我自己越看越觉得能力不够，请允许我把天下交给你。”许由回答说：“你治理天下，天下已经获得了大治，而我却还要去替代你，我将为了名声吗？‘名’是‘实’所派生出来的次要东西，我将去追求这次要的东西吗？鹪鹩在森林中筑巢，不过占用一棵树枝；鼹鼠到大河边饮水，不过填饱肚子。你还是打消念头回去吧，天下对于我来说没有什么用处啊！厨师即使不下厨，祭祀主持人也不会越俎代庖的！”

肩吾向连叔求教："我从接舆那里听到谈话，大话连篇没有边际，一说下去就回不到原来的话题上。我十分惊恐他的言谈，就好像天上的银河没有边际，跟一般人的言谈差异甚远，确实是太不近情理了。"连叔问："他说的是些什么呢？"肩吾转述道："在遥远的姑射山上，住着一位神人，皮肤润白像冰雪，体态柔美如处女，不食五谷，吸清风饮甘露，乘云气驾飞龙，遨游于四海之外。他的神情那么专注，使得世间万物不受病害，年年五谷丰登。我认为这全是虚妄之言，一点也不可信。"连叔听后说："是呀！对于瞎子没法同他们欣赏花纹和色彩，对于聋子没法同他们聆听钟鼓的乐声。难

道只是形骸上有聋与瞎吗？思想上也有聋和瞎啊！这话似乎就是说你肩吾的呀。那位神人，他的德行，与万事万物混同一起，以此求得整个天下的治理，谁还会忙忙碌碌把管理天下当成回事！那样的人呀，外物没有什么能伤害他，滔天的大水不能淹没他，天下大旱使金石熔化、土山焦裂，他也不感到灼热。他所留下的尘埃以及瘪谷糠麸之类的废物，也可造就出尧舜那样的圣贤人君来，他怎么会把忙着管理万物当作己任呢！”

北方的宋国有人贩卖帽子到南方的越国，越国人不蓄头发满身刺着花纹，没什么地方用得着帽子。尧治理好天下的百姓，安定了海内的政局，到姑射山上、汾水北面，去拜见四位得道的高士，不禁怅然若失，忘记了自己居于治理天下的地位。

原 文 | YuanWen

惠子[1]谓庄子曰：“魏王贻我大瓠之种[2]，我树[3]之成，而实五石[4]。以盛水浆，其坚不能自举[5]也。剖之以为瓢，则瓠落[6]无所容。非不呺然[7]大也，吾为其无用而掊之[8]。”庄子曰：“夫子固[9]拙于用大矣！宋人有善为不龟[10]手之药者，世世以洴澼絖[11]为事。客闻之，请买其方[12]百金。聚族而谋曰：‘我世世为洴澼絖，不过数金；今一朝而鬻[13]技百金，请与之。’客得之，以说[14]吴王。越有难[15]，吴王使之将[16]，冬与越人水战，大败越人，裂[17]地而封之。能不龟手一[18]也，或以封[19]，或不免于洴澼絖，则所用之异也。今子有五石之瓠，何不虑以为大樽[20]，而浮于江湖，而忧其瓠落无所容？则夫子犹有蓬之心[21]也夫！”

惠子谓庄子曰：“吾有大树，人谓之樗[22]。其大本拥肿而不中绳墨[23]，其小枝卷曲而不中规矩[24]，立之涂[25]，匠人不顾。今子之言大而无用，众所同去也。”庄子曰：“子独不见狸狌[26]乎？卑[27]身而伏，以候敖[28]者；东西跳梁[29]，不辟[30]高下；中于机辟[31]，死于罔罟[32]。今夫斄牛[33]，其大若垂天之云。此能为大矣，而不能执鼠。今子有大树，患其无用，何不树之于无何有之乡[34]，广莫[35]之野，彷徨乎无为其侧[36]，逍遥乎寝卧其下。不夭斤斧[37]，物无害者，无所可用，安所困苦哉！”

注释 Zhushi

① 惠子：宋国人，姓惠名施，做过梁惠王的相。惠施本是庄子的朋友，为先秦名家代表，但本篇及以下许多篇章中所写惠施与庄子的故事，多为寓言性质，并不真正反映惠施的思想。

② 魏王：即梁惠王。贻（yí）：赠送。瓠（hú）：葫芦。

③ 树：种植、培育。

④ 实：结的葫芦。石（dàn）：容量单位，十斗为一石。

⑤ 举：拿起来。

⑥ 瓠落：又写作“廓落”，形容很大很大的样子。

⑦ 呺（xiāo）然：庞大而又中空的样子。

⑧ 为（wèi）：因为。掊（pǒu）：砸破。

⑨ 固：实在，确实。

⑩ 龟（jūn）：通作“皲”，皮肤受冻开裂。

⑪ 洴（píng）：浮。澼（pì）：在水中漂洗。絖（kuàng）：丝絮。

⑫ 方：药方。

⑬ 鬻（yù）：卖，出售。

⑭ 说（shuì）：劝说，游说。

⑮ 难：发难，这里指越国对吴国有军事行动。

⑯ 将（jiàng）：统帅部队。

⑰ 裂：划分出。

⑱ 一：同一，一样的。

⑲ 或：无定代词，这里指有的人。以：凭借，其后省去宾语“不龟手之药”。

⑳ 虑：考虑。一说通作“摅”，用绳络缀结。樽：本为酒器，这里指形似酒樽，可以拴在身上的一种凫水工具，俗称腰舟。

㉑ 蓬：草名，其状弯曲不直。“有蓬之心”喻指见识浅薄不能通晓大道理。

㉒ 樗（chū）：一种高大的落叶乔木，但木质粗劣不可用。

㉓ 大本：树干粗大。拥肿：今写作“臃肿”，这里形容树干弯曲、疙里疙瘩。中（zhòng）：符合。绳墨：木工用以求直的墨线。

㉔ 规矩：即圆规和角尺。

㉕ 塗：通作“途”，道路。

㉖ 狸（lí）：野猫。狌（shēng）：黄鼠狼。

㉗ 卑：低。

㉘ 敖：通“遨”，遨游。

㉙ 跳梁：跳跃的意思。

㉚ 辟：避开；这个意义后代写作“避”。

㉛ 机辟：捕兽的机关陷阱。

㉜ 罔：网。罟（gǔ）：网的总称。

㉝ 斄（lí）牛：牦牛。

㉞ 无何有之乡：指什么也没有生长的地方。

㉟ 莫：大。

㊱ 彷徨：徘徊，纵放。无为：无所事事。

㊲ 夭：夭折。斤：伐木之斧。

译 文 Yiwen

惠子对庄子说："魏王送我大葫芦种子，我将它培植起来后，结出的果实有五石容积。用大葫芦去盛水浆，可是它的坚固程度承受不了水的压力。把它剖开做瓢也太大了，没有什么地方可以放得下。这个葫芦不是不大呀，我因为它没有什么用处而砸烂了它。"庄子说："先生实在是不善于使用大东西啊！宋国有一善于调制不皲手药物的人家，世世代代以漂洗丝絮为职业。有个游客听说了这件事，愿意用百金的高价收买他的药方。全家人聚集在一起商量：'我们世世代代在河水里漂洗丝絮，所得不过数金，如今一下子就可卖得百金。还是把药方卖给他吧。'游客得到药方，来游说吴王。正巧越国发难，吴王派他统率部队，冬天跟越军在水上交战，大败越军，吴王划割土地封赏他。能使手不皲裂，药方是同样的，有的人用它来获得封赏，有的人却只能靠它在水中漂洗丝絮，这是使用的方法不同。如今你有五石容积的大葫芦，怎么不考虑用它来制成腰舟，而浮游于江湖之上，却担忧葫芦太大无处可容？看来先生你还是心窍不通啊！"

惠子又对庄子说："我有棵大树，人们都叫它'樗'。它的树干却疙里疙瘩，不符合绳墨取直的要求，它的树枝弯弯扭扭，也不适应圆规和角尺取材的需要。虽然生长在道路旁，木匠连看也不看。现今你的言谈，大而无用，大家都会鄙弃它的。"庄子说："先生你没看见过野猫和黄鼠狼吗？低着身子匍匐于地，等待那些出洞觅食或游乐的小动物。一会儿东，一会儿西，跳来跳去，一会儿高，一会儿低，上下窜越，不曾想到落入猎人设下的机关，死于猎网之中。再有那犛牛，庞大的身体就像天边的云；它的本事可大了，不过不能捕捉老鼠。如今你有这么大一棵树，却担忧它没有什么用处，怎么不把它栽种在什么也没有生长的地方，栽种在无边无际的旷野里，悠然自得地徘徊于树旁，优游自在地躺卧于树下。大树不会遭到刀斧砍伐，也没有什么东西会去伤害它。虽然没有派上什么用场，可是哪里又会有什么困苦呢？”

齐物论

文章题解 WenZhang Tijie

本篇是《庄子》的又一代表篇目。“齐物论”包含齐物与齐论两个意思。庄子认为世界万物包括人的品性和感情，看起来是千差万别，归根结底却又是齐一的，这就是“齐物”。庄子还认为人们的各种看法和观点，看起来也是千差万别的，但世间万物既是齐一的，言论归根结底也应是齐一的，没有所谓是非和不同，这就是“齐论”。“齐物”和“齐论”合在一起便是本篇的主旨。

全文大体分成七个部分，第一部分至“怒者其谁邪”，从子綦进入无我境界开篇，生动地描写大自然的不同声响，并且指出它们全都出于自身。第二部分至“吾独且奈何哉”，进一步描述社会各种现象和人的各种不同心态，并指出这些实实在在的东西又都是出自虚无。第三部分至“此之谓以明”，说明是非之争并没有价值。万物都有其对立的一面，也有其统一的一面；万物都在变化之中，而且都在向它自身对立的那一面转化。从这一意义说，万物既然是齐一的，那么区别是与非就没有必要，才智也就成了没有价值的东西。第四部分至“此之谓葆光”，进一步指出大道并不曾有过区分，言论也不曾有过定论，人们所持有的是非与区分并非物之本然，而是主观对外物的偏见，物、我一体，因而是非无别，容藏于一体。第五部分至“而况利害之端乎”，从忘物才能齐物入手，说明认识事物并没有什么绝对客观的尺度，因而人的言论也就没有确定是非区别的必要。第六部分至“故寓诸无竟”，借寓言人物之口阐述齐物与齐论的途径，即忘掉死生、忘掉是非，把自己寄托于无穷的境域，从而遨游于尘埃之外，这也就进一步说明物之不可分、言之不可辩。余下为第七部分，通过两个寓言故事表明“无所凭依”和物我交合、物我俱化的旨意。

“齐物”与“齐论”是庄子哲学思想的又一重要方面，与“逍遥游”一并构成庄子哲学思想体系的主体。庄子看到了客观事物存在这样那样的区别，看到了事物的对立。但出于万物一体的观点，他又认为这一切又都是统一的，浑然一体的，而且都在向其对立的一面不断转化，因而又都是没有区别的。庄子还认为各种各样的学派和论争都是没有价值的。是与非、正与误，从事物本于一体的观点看也是不存在的。这既有宇宙观方面的讨论，也涉及到认识论方面的许多问题，因而在我国古代哲学研究中具有重要地位。文章充满辩证的观点，但也经常陷入形而上学的泥潭，须细加体会和分析。

原 文 YuanWen

南郭子綦隐机而坐[1]，仰天而嘘[2]，荅焉似丧其耦[3]。颜成子游[4]立侍乎前，曰："何居[5]乎？形固可使如槁木[6]，而心固可使如死灰乎[7]？今之隐机者，非昔之隐机者也[8]。"子綦曰："偃[9]，不亦善乎，而问之也[10]？今者吾丧我，汝知之乎？女闻人籁[11]，而未闻地籁，女闻地籁而未闻天籁夫！"子游曰："敢问其方[12]。"子綦曰："夫大块噫气[13]，其名为风，是唯无作[14]，作则万窍怒呺[15]，而独不闻之翏翏[16]乎？山林之畏佳[17]，大木百围之窍穴，似鼻，似口，似耳，似枅[18]，似圈，似臼，似洼者，似污[19]者。激[20]者，謞[21]者，叱者，吸者，叫者，譹[22]者，宎[23]者，咬[24]者，前者唱于而随者唱喁[25]。泠风则小和[26]，飘风则大和，厉风济则众窍为虚[27]。而独不见之调调之刁刁乎[28]？"子游曰："地籁则众窍是已[29]，人籁则比竹是已[30]，敢问天籁。"子綦曰："夫吹万不同[31]，而使其自已也[32]，咸[33]其自取，怒[34]者其谁邪？"

注 释 Zhushi

① 南郭子綦（qí）：楚人，居住南郭，故名南郭子綦。旧说为楚庄王庶出的弟弟，做过楚庄王的司马；疑为庄子中寓托的高士，而非历史人物。隐：凭倚。机：亦作几，案几。

② 嘘：吐气。

③ 荅（tà）焉：亦作"嗒焉"，离形去智的样子。耦：匹对。庄子认为人是肉体和精神的对立统一体，"耦"在这里即指与精神相对立的躯体。丧其耦，表示精神超脱躯体达到忘我的境界。

④ 颜成子游：子綦的学生，姓颜名偃，子游为字，死后谥成，故名颜成子游。

⑤ 居（jī）：表疑问的语气词。

⑥ 固：诚然。槁：干枯。

⑦ 心：思想，精神。固：岂，难道。

⑧ “今之隐机者”与“昔之隐机者”实指一人，即南郭子綦，意思是南郭子綦今日隐机入神出体与旧时大不一样。

⑨ 偃：即颜成子游。

⑩ 而：你，人称代词。“不亦善乎，而问之也”乃是“尔问之不亦善乎”之倒置。

⑪ 籁（lài）：箫，古代的一种管状乐器，这里泛指从孔穴里发出的声响。“人籁”即出自人为的声响，与下两句的“地籁”、“天籁”相对应，所谓“地籁”或“天籁”，即出自自然的声响。

⑫ 敢：表示谦敬的副词，含有“冒昧地”、“斗胆地”的意思。方：道术，指所言“地籁”、“天籁”的真实含意。

⑬ 大块：大地。噫（yī）气：吐气。

⑭ 是：此，这里指风。唯：句中语气词，含有仅此的意思。作：兴起。

⑮ 窍：孔穴。呺（háo）：亦作“号”，吼叫。

⑯ 翏翏（liú）：亦作飂飂，大风呼呼的声响。

⑰ 林：通作“陵”，大山。畏佳（cuī）：亦作“嵔佳”，即嵬崔，山陵高峻的样子。

⑱ 枅（jī）：柱头横木。

⑲ 污：停滞不流的水塘。

⑳ 激：水流湍急的声音。

㉑ 謞（xiào）：这里用来形容箭头飞去的声响。

㉒ 譹（háo）：嚎哭声。

㉓ 宎（yǎo）：深而沉。

㉔ 咬（jiāo）：鸟鸣叫的声音。一说哀切声。

㉕ 于、喁（yú）：风吹树动前后相和的声音。

㉖ 泠（líng）风：小风，清风。

㉗ 厉风：迅猛的暴风。济：止。

㉘ 调调、刁刁：风吹草木晃动摇曳的样子。“刁刁”亦作“刀刀”。

㉙ 是：这样。已：矣。

㉚ 比：并合。竹：这里指并合在一起可以发出声响的、不同形状的竹管。

㉛ 这句及以下是表述“天籁”的，故有人疑“夫”字之后缺“天籁者”三字。

㉜ 使其自己：意思是使它们自身发出各种各样的声音。一说“己”当作“已”，是停止的意思，但联系上下文不宜从此解。

㉝ 咸：全。

㉞ 怒：这里是发动的意思。

译 文 Yiwen

南郭子綦靠着几案而坐，仰首向天缓缓地吐着气，那离神去智的样子真好像精神脱出了躯体。他的学生颜成子游陪站在跟前说道：“这是怎么啦？

形体诚然可以使它像干枯的树木，精神和思想难道也可以使它像死灰那样吗？你今天凭几而坐，跟往昔凭几而坐的情景大不一样呢。”子綦回答说：“偃，你这个问题不是问得很好吗？今天我忘掉了自己，你知道吗？你听见过‘人籁’却没有听见过‘地籁’，你即使听见过‘地籁’却没有听见过‘天籁’啊！”子游问：“我冒昧地请教它们的真实含意。”子綦说：“大地吐出的气，名字叫风。风不发作则已，一旦发作整个大地上数不清的窍孔都怒吼起来。你独独没有听过那呼呼的风声吗？山陵上陡峭峥嵘的各种去处，百围大树上无数的窍孔，有的像鼻子，有的像嘴巴，有的像耳朵，有的像圆柱上插入横木的方孔，有的像圈围的栅栏，有的像舂米的臼窝，有的像深池，有的像浅池。它们发出的声音，像湍急的流水声，像迅疾的箭镞声，像大声的呵斥声，像细细的呼吸声，像放声叫喊，像嚎啕大哭，像在山谷里深沉回荡，像鸟儿鸣叫叽喳，真好像前面在呜呜唱响，后面在呼呼随和。清风徐徐就有小小的和声，长风呼呼便有大的反响，迅猛的暴风突然停歇，万般窍穴也就寂然无声。你难道不曾看见风儿过处万物随风摇曳晃动的样子吗？”子游说：“地籁是从万种窍穴里发出的风声，人籁是从各种不同的竹管里发出的声音。我再冒昧地向你请教什么是天籁？”子綦说：“天籁虽然有万般不同，但使它们发生和停息的都是出于自身，发动者还有谁呢？”

原文 YuanWen

大知闲闲[1]，小知閒閒[2]；大言炎炎[3]，小言詹詹[4]。其寐也魂交[5]，其觉也形开[6]；与接为構[7]，日以心斗：缦[8]者，窖[9]者，密[10]者。小恐惴惴[11]，大恐缦缦[12]。其发若机栝[13]，其司是非之谓也[14]；其留如诅盟[15]，

其守胜之谓也。其杀[16]若秋冬，以言其日消也；其溺之所为之[17]，不可使复之也；其厌也如缄[18]，以言其老洫[19]也；近死之心，莫使复阳[20]也。喜怒哀乐，虑叹变慹[21]，姚佚启态[22]。乐出虚[23]，蒸成菌[24]。日夜相代[25]乎前，而莫知其所萌[26]。已[27]乎，已乎！旦暮得此[28]，其所[29]以生乎！

非彼无我[30]，非我无所取[31]。是亦近矣[32]，而不知其所为使[33]。若有真宰[34]，而特不得其眹[35]，可行已信，而不见其形，有情而无形[36]。百骸[37]、九窍[38]、六藏[39]，赅[40]而存焉，吾谁与为亲[41]？汝皆说[42]之乎？其有私[43]焉？如是皆有为臣妾乎？其臣妾不足以相治乎？其递相为君臣乎？其有真君[44]存焉？如求得其情[45]与不得，无益损乎其真。一[46]受其成形，不亡以待尽[47]。与物相刃相靡[48]，其行尽如驰[49]，而莫之能止，不亦悲乎！终身役役[50]而不见其成功，苶然疲役而不知其所归[51]，可不哀邪！人谓之不死，奚益！其形化，其心与之然，可不谓大哀乎？人之生也，固若是芒[52]乎？其我独芒，而人亦有不芒者乎？

夫随其成心[53]而师之，谁独且无师乎？奚必知代而心自取者有之[54]？愚者与有焉。未成乎心而有是非，是今日适越而昔至也[55]。是以无有为有。无有为有，虽有神禹[56]且不能知，吾独且奈何哉！

注释 Zhushi

① 闲闲：广博豁达的样子。

② 閒閒（jiàn）："閒"是"間"的古体，今简作"间"，"閒閒"即间间，明察细别的样子。

③ 炎炎：猛烈；这里借猛火炎燎之势，比喻说话时气焰盛人。

④ 詹詹：言语琐细，说个没完。

⑤ 寐：睡眠。魂交：心灵驰躁，神魂交接。

⑥ 觉：睡醒。形开：身形开朗，目开意悟。一说形体不宁。

⑦ 接：接触，这里指与外界环境接触。搆：“构（木冓）”字的异体，交合的意思。

⑧ 缦（màn）：通作“慢”，疏怠迟缓的意思。

⑨ 窖：深沉，用心不可捉摸。

⑩ 密：隐秘、谨严。

⑪ 惴惴（zhuì）：恐惧不安的样子。

⑫ 缦缦（màn）：神情沮丧的样子。

⑬ 机：弩机，弩上的发射部位。栝（guā）：箭杆末端扣弦部位。

⑭ 司：主。“司是非”犹言主宰是非，意思是“是”与“非”都由此产生。一说“司”通“伺”，窥伺人之是非的意思。

⑮ 留：守住，指留存内心，与上句的“发”相对应。诅盟：誓约；结盟时的誓言，坚守不渝。

⑯ 杀：肃杀，衰败。

⑰ 溺：沉湎。“之”疑讲作“于”。

⑱ 厌（yā）：通作“压”，闭塞的意思。缄：绳索，这里是用绳索加以束缚的意思。

⑲ 洫（xù）：败坏。

⑳ 复阳：复生，恢复生机。

㉑ 虑：忧虑。叹：感叹。变：反复。慹（zhè）：通作“慑”，恐惧的意思。

㉒ 姚：轻浮躁动。佚（yì）：奢华放纵。启：这里指放纵情欲而不知收敛。态：这里是故作姿态的意思。

㉓ 乐：乐声。虚：中空的情态，用管状乐器中空的特点代指乐器本身。

㉔ 蒸成菌：在暑热潮湿的条件下蒸腾而生各种菌类。

㉕ 相代：相互对应地更换与替代。

㉖ 萌：萌发、产生。

㉗ 已：止，算了。

㉘ 旦暮：昼夜，这里表示时间很短。此：指上述对立、对应的各种情态形成发

生的道理，犹如乐出于虚，菌出于气，一切都形成于“虚”、“无”。

㉙ 由：从，自。所由：产生的缘由。

㉚“彼”就字面上讲指“我”的对立面，也可以理解为非我的大自然，甚至包括上述各种情态。

㉛ 取：资证，呈现。

㉜ 近：彼此接近；引申一步，像前两句话（“非彼无我，非我无所取”）那样的认识和处理，就接近于事物的本质，接近于认识事物的真理。

㉝ 所为使：为……所驱使。

㉞ 宰：主宰。“真宰”，犹如今日言“造世主”，但也可理解为真我，即我身的主宰。

㉟ 特：但，只。眹（zhěn）：端倪、征兆。

㊱ 情：真，指事实上的存在。

㊲ 百：概数，言其多，非确指。骸：骨节。

㊳ 九窍：人体上九个可以向外张开的孔穴，指双眼、双耳、双鼻孔、口、生殖器、肛门。

㊴ 藏：内脏；这个意义后代写作“臟”，简化成“脏”。心、肺、肝、脾、肾俗称五脏，但也有把左右两肾分别称谓的，这就成了“六脏”。

㊵ 赅：齐备。

㊶ 谁与：与谁。

㊷ 说（yuè）：喜悦，这个意义后代写作“悦”。

㊸ 私：偏私，偏爱。

㊹ 真君：对待“我”来说，“真君”即“真我”、“真心”，对待社会的各种情态说，“真君”就是“真宰”。

㊺ 情：究竟，真实情况。

㊻ 一：一旦。

㊼ 亡：亦作“忘”，忘记。一说“亡”为“代”字之讹，变化的意思。尽：耗竭、消亡。

㊽ 刃：刀口，这里喻指针锋相对的对立面。靡：倒下，这里是顺应的意思。
㊾ 驰：迅疾奔跑。
㊿ 役役：相当于“役于役”。意思是为役使之物所役使。一说劳苦不休的样子。
51 苶（nié）然：疲倦困顿的样子。疲役：犹言疲于役，为役使所疲顿。
52 芒：通作“茫”，迷昧无知。
53 成心：业已形成的偏执之见。
54 “知代”意思是懂得变化更替的道理。取：资证、取信的意思。
55 这句是比喻，说明没有成见就已经出现是非观念。
56 神禹：神明的夏禹。

译 文 Yiwen

才智超群的人广博豁达，只有点小聪明的人则乐于细察、斤斤计较；合于大道的言论就像猛火烈焰一样气焰凌人，拘于智巧的言论则琐细无方、没完没了。他们睡眠时神魂交构，醒来后身形开朗；跟外界交接相应，整日里勾心斗角。有的疏怠迟缓，有的高深莫测，有的辞慎语谨。小的惧怕惴惴不安，大的惊恐失魂落魄。他们说话就好像利箭发自弩机，快疾而又尖刻，那就是说是与非都由此而产生；他们将心思存留心底就好像盟约誓言坚守不渝，那就是说持守胸臆坐待胜机。他们衰败犹如秋冬的草木，这说明他们日益形销骨立；他们沉湎于所从事的各种事情，致使他们不可能再恢复到原有的情状；他们心灵闭塞好像被绳索缚住，这说明他们衰老颓败，没法使他们恢复生气。他们欣喜、愤怒、悲哀、欢乐，他们忧思、叹惋、反复、恐惧，他们躁动轻浮、奢华放纵、情张欲狂、造姿作态。好像乐声从中空的乐管中发出，又像菌类由地气蒸腾而成。这种种情态日夜在面前相互对应地更换与替代，却不知道是怎么萌生的。算了吧，算了吧！一旦懂得这一切发生的道理，不就明白了这种种情态发生、形成的原因？

没有我的对应面就没有我本身，没有我本身就没法呈现我的对应面。这样的认识也就接近于事物的本质，然而却不知道这一切受什么所驱使。仿佛有“真宰”，却又寻不到它的端倪。可以去实践并得到验证，然而却看不见它的形体，那是真实的存在却又没有反映它的具体形态。

众多的骨节，眼耳口鼻等九个孔窍和心肺肝肾等六脏，全都齐备地存在于我的身体，我跟它们哪一部分最为亲近呢？你对它们都同样喜欢吗？还是对其中某一部分格外偏爱呢？这样，每一部分都只会成为臣妾似的仆属吗？难道臣妾似的仆属就不足以相互支配了吗？还是轮流成为君臣呢？难道又果真有什么“真君”存在其间？无论寻求到它的究竟与否，那都不会对它的真实存在有什么增益和损坏。人一旦禀承天地之气而形成形体，就不能忘掉自身而等待最后的消亡。他们跟外界环境或相互对立或相互顺应，他们的行动全都像快马奔驰，没有什么力量能使他们止步，这不是很可悲吗！他们终身承受役使却看不到自己的成功，一辈子困顿疲劳却不知道自己的归宿，这能不悲哀吗！人们说这种人不会死亡，这又有什么益处！人的形骸逐渐衰竭，人的精神和感情也跟着一块儿衰竭，这能不算是最大的悲哀吗？人生在世，本来就像这样迷昧无知吗？难道只有我才这么迷昧无知，而世人也有不迷昧无知的吗！

追随业已形成的偏执己见并把它当作老师，那么谁会没有老师呢？为什么必须通晓事物的更替并从自己的精神世界里找到征信的人才有老师呢？愚昧的人也会跟他们一样有老师哩。还没有在思想上形成定见就有是与非的观念，这就像今天到越国去而昨天就已经到达。这就是把没有当作有。没有就是有，即使圣明的大禹尚且不可能通晓其中的奥妙，我那是又能怎么样呢？

原 文 YuanWen

夫言非吹也[1]。言者有言，其所言者特[2]未定也。果有言邪？其未尝有言邪？其以为异于鷇音[3]，亦有辩乎[4]？其无辩乎？

道恶乎隐而有真伪[5]？言恶乎隐而有是非？道恶乎往而不存？言恶乎存而不可？道隐于小成[6]，言隐于荣华[7]。故有儒墨[8]之是非，以是其所非而非其所是。欲是其所非而非其所是，则莫若以明[9]。

物无非彼，物无非是。自彼则不见，自知则知之[10]。故曰：彼出于是，是亦因彼。彼是，方生[11]之说也。虽然，方[12]生方死，方死方生；方可方不可，方不可方可；因[13]是因非，因非因是。是以圣人不由而照之于天[14]，亦因[15]是也。是亦彼也，彼亦是也。彼亦一[16]是非，此亦一是非。果[17]且有彼是乎哉？果且无彼是乎哉？彼是莫得其偶[18]，谓之道枢[19]。枢始得其环中[20]，以应无穷[21]。是亦一无穷，非亦一无穷也。故曰莫若以明。

以指喻指之非指，不若以非指喻指之非指也[22]；以马喻马之非马[23]，不若以非马喻马之非马也。天地一指也，万物一马也。

可乎可，不可乎不可。道行之而成，物谓之而然[24]。恶乎然[25]？然于然。恶乎不然？不然于不然。恶乎可？可于可。恶乎不可？不可于不可[26]。物固有所然，物固有所可；无物不然，无物不可。故为是举莛与楹[27]、厉与西施[28]、恢恑憰怪[29]，道通为一[30]。其分[31]也，成[32]也；

其成也，毁[33]也。凡物无成与毁，复通为一。唯达者[34]知通为一，为是不用而寓诸庸[35]。庸也者，用也[36]；用也者，通也；通也者，得[37]也；适得而几矣[38]。因是已[39]，已[40]而不知其然，谓之道。劳神明为一而不知其同也[41]，谓之朝三[42]。何谓朝三？狙公赋芧曰[43]："朝三而暮四。"众狙皆怒。曰："然则朝四而暮三。"众狙皆悦。名实未亏而喜怒为用[44]，亦因是也。是以圣人和之以是非而休乎天钧[45]，是之谓两行[46]。

古之人，其知有所至矣。恶乎至[47]？有以为未始有物者，至矣，尽矣，不可以加矣。其次以为有物矣，而未始有封[48]也。其次以为有封焉，而未始有是非也。是非之彰也，道之所以亏也。道之所以亏，爱之所以[49]成。果且有成与亏乎哉？果且无成与亏乎哉？有成与亏，故昭氏之鼓琴也[50]。无成与亏，故昭氏之不鼓琴也。昭文之鼓琴也，师旷之枝策也[51]，惠子之据梧也[52]，三子之知几[53]乎！皆其盛者也，故载之末年[54]。唯其好之[55]也，以异于彼；其好之也，欲以明[56]之。彼非所明而明之，故以坚白之昧终[57]。而其子又以文之纶终[58]，终身无成。若是而可谓成乎？虽我亦成也[59]。若是而不可谓成乎？物与我无成也。是故滑疑[60]之耀，圣人之所图[61]也。为是不用而寓诸庸，此之谓以明。

注 释 Zhushi

① 吹：风吹。根据本段大意看，"言"似有所指，不宜看作一般所谓的说话、言谈，而指"辩论"；下句的"言者"则当指善辩的人。辩言之是非出于己见，而风吹出于自然，所以说"言非吹"。

② 特：但，只。

③ 觳（kòu）音：刚刚破卵而出的鸟的叫声。

④ 辩：通作“辨”，分辨、区别。

⑤ 恶（wū）：何，怎么。隐：隐秘，藏匿。

⑥ 成：成就。“小成”这里指一时的、局部的成功。

⑦ 荣华：木草之花，这里喻指华丽的词藻。

⑧ 儒、墨：儒家和墨家，战国时期两个政治和哲学流派。

⑨ 莫若以明：传统的解释为“莫如即以本然之明照之”，意思是“不如用其自然加以观察”。姑存此说。

⑩ “自知”疑为“自是”之误，与上句之“自彼”互文；若按“自知”讲，语义亦不通达。

⑪ 方生：并存。一说“方”通作“旁”，依的意思。

⑫ 方：始，随即。

⑬ 因：遵循，依托。

⑭ 由：自，经过。一说用，“不由”就是不用。照：观察。天：这里指事物的自然，即本然。

⑮ 因：顺着。

⑯ 一：同一，同样。

⑰ 果：果真。

⑱ 偶：对，对立面。

⑲ 枢：枢要。道枢：大道的关键之处；庄子认为，彼和此是事物对立的两个方面，如果彼和此都失去了相对立的一面，那么这就是道的枢要，即齐物以至齐论的关键。一切都出自虚无，一切都归于虚无，还有不“齐物”和“齐论”的吗？

⑳ 环中：环的中心；“得其环中”喻指抓住要害。

㉑ 应：适应，顺应。穷：尽。

㉒ 指：不宜讲作手指之指，战国名家学派公孙龙子著《指物论》，这里应是针对该篇内容而言，所谓“指”，即组成事物的要素。联系下一句，事物的要素并非事物本身，而事物的要素只有在事物内才有它的存在，故有“指之非指”

的说法。喻：说明。

㉓ 马：跟上句的“指”一样，同是当时论辩的主要论题。名家公孙龙子就曾作《白马篇》，阐述了“白马非马”的观点。

㉔ 谓：称谓、称呼。然：这样。

㉕ 然：对的、正确的。

㉖ 以上十二句历来认为有错简或脱落现象，句子序列暂取较通行的校勘意见。

㉗ 莛（tíng）：草茎。楹（yíng）：厅堂前的木柱。“莛”、“楹”对文，代指物之细小者和巨大者。

㉘ 厉：通作“疠”，指皮肤溃烂，这里用来表示丑陋的人。西施：吴王的美姬，古代著名的美人。

㉙ 恢：宽大。恑（guǐ）：奇变。憰（jué）：诡诈。怪：怪异。恢恑憰怪四字连在一起，概指千奇百怪的各种事态。

㉚ 一：浑一，一体。联系上文，庄子认为世上一切小与大、丑与美、千差万别的各种情态或各种事物，都是相通而又处在对立统一体内，从这一观点出发，世上一切事物就不会不“齐”，不会不具有某种共同性。

㉛ 分：分开、分解。

㉜ 成：生成、形成。“成”和“分”也是相对立的，一个事物被分解了，这就意味生成一新的事物。

㉝ 毁：毁灭，指失去了原有的状态。“毁”与“成”也是相对立的，一个新事物通过分解而生成了，这就意味原事物的本有状态必定走向毁灭。

㉞ 达：通达，“达者”这里指通晓事理的人。

㉟ 为是不用：为了这个缘故不用固执己见；“不用”之后有所省略，即一定把物“分”而“成”的观点，也就是不“齐”的观点。寓：寄托。诸：讲作“之于”。庸：指平常之理。一说讲作“用”，含有功用的意思。

㊱ 以下四句至“适得而几矣”，有人认为是衍文，是前人作注的语言，并非庄子的原文。姑备一说。

㊲ 得：中，合乎常理的意思。一说自得。

㊳ 适：恰。几：接近。

㊴ 因：顺应。是：此，这里指上述“为一”的观点，即物之本然而不要去加以分别的观点。

㊵ 已：这里是一种特殊的省略，实指前面整个一句话，“已”当讲作“因是已”。

㊶ 劳：操劳、耗费。神明：心思，指精神和才智。为一：了解、认识事物浑然一体、不可分割的道理。言外之意，事物本来就是浑然一体，并不需要去辨求。同：具有同一的性状和特点。

㊷ 朝三：“朝三”、“暮四”的故事，《列子·黄帝篇》亦有记载。朝是早晨，暮是夜晚，三和四表示数量，即三升、四升。“朝三”、“暮四”或者“朝四”、“暮三”，其总和皆为“七”，这里借此譬喻名虽不一，实却无损，总都归结为“一”。

㊸ 狙（jū）：猴子。狙公：养猴子的人。赋：给予。芧（xù）：橡子。

㊹ 亏：亏损。为用：为之所用，意思是喜怒因此而有所变化。

㊺ 和：调和、混用。“和之以是非”即“以是非和之”，把是和非混同起来。休：本指休息，这里含有优游自得地生活的意思。钧：通作“均”；“天钧”即自然而又均衡。

㊻ 两行：物与我，即自然界与自我的精神世界都能各得其所，自行发展。

㊼ 至：造极，最高的境界。

㊽ 封：疆界、界线。

㊾ 以：原本作“之”，据文义改。

㊿ 昭氏：即昭文，以善于弹琴著称。庄子认为，音本是一个整体，没有高低长短之分就无法演奏，任何高明的琴师都不可能同时并奏各种各样的声音。正因为分出音的高低长短才能在琴弦上演奏出来。

51 师旷：晋平公时的著名乐师。枝策：用如动词，用枝或策叩击拍节，犹如今天的打拍子。一说举杖击节。

52 惠子：惠施，古代名家学派的著名人物。据：依；梧：树名。惠施善辩，“据梧”意思就是靠着桐树高谈阔论。一说“梧”当讲作桐木几案，“据梧”则是靠着几案的意思。

⑤③ 几：尽，意思是达到了顶点。
⑤④ 载：记载；一说载誉。末年，晚年。
⑤⑤ 好（hào）：喜好；“好之”，的意思是各自喜好自己的专长和学识。
⑤⑥ 明：明白、表露。
⑤⑦ 坚白：指石的颜色白而质地坚，但“白”和“坚”都独立于“石”之外。公孙龙子曾有“坚白论”之说，庄子是极不赞成的。昧：迷昧。
⑤⑧ 其子：指昭文之子。一说指惠施之子。纶：绪，这里指继承昭文的事业。
⑤⑨ 这句语意有所隐含，意思是“虽我无成亦成也”，即如果上述情况都叫有所成就的话，即使是我没有什么成就也可说有了成就了。
⑤⑧ 滑（gǔ）疑：纷乱的样子，这里指各种迷乱人心的辩说。
⑥⓪ 图（圖）：亦写作“啚”，疑为“鄙”字之误，瞧不起，摒弃的意思。

译 文 Yiwen

说话辩论并不像是吹风。善辩的人辩论纷纭，他们所说的话也不曾有过定论。果真说了些什么吗？还是不曾说过些什么呢？他们都认为自己的言谈不同于雏鸟的鸣叫，真有区别，还是没有什么区别呢？

大道是怎么隐匿起来而有了真和假呢？言论是怎么隐匿起来而有了是与非呢？大道怎么会出现而又不复存在？言论又怎么存在而又不宜认可？大道被小小的成功所隐蔽，言论被浮华的词藻所掩盖。所以就有了儒家和墨家的是非之辩，肯定对方所否定的东西而否定对方所肯定的东西。想要肯定对方所否定的东西而非难对方所肯定的东西，那么不如用事物的本然去加以观察而求得明鉴。

各种事物无不存在它自身对立的那一面，各种事物也无不存在它自身对立的这一面。从事物相对立的那一面看便看不见这一面，从事物相对立的这一面看就能有所认识和了解。所以说：事物的那一面出自事物的这一面，事物的这一面亦起因于事物的那一面。事物对立的两个方面是相互并存、相互依赖的。虽然这样，刚刚产生随即便是死亡，刚刚死亡随即便会复生；刚刚肯定随即就是否定，刚刚否定随即又予以肯定；依托正确的一面同时也就遵循了谬误的一面，依托谬误的一面同时也就遵循了正确的一面。因此圣人不走划分正误是非的道路而是观察比照事物的本然，也就是顺着事物自身的情态。事物的这一面也就是事物的那一面，事物的那一面也就是事物的这一面。事物的那一面同样存在是与非，事物的这一面也同样存在正与误。事物果真存在彼此两个方面吗？事物果真不存在彼此两个方面的区分吗？彼此两个方面都没有其对立的一面，这就是大道的枢纽。抓住了大道的枢纽也就抓住了事物的要害，从而顺应事物无穷无尽的变化。“是”是无穷的，“非”也是无穷的。所以说不如用事物的本然来加以观察和认识。

用组成事物的要素来说明要素不是事物本身，不如用非事物的要素来说明事物的要素并非事物本身；用白马来说明白马不是马，不如用非马来说明白马不是马。整个自然界不论存在多少要素，但作为要素而言却是一样的，各种事物不论存在多少具体物象，但作为具体物象而言也都是一样的。

能认可吗？一定有可以加以肯定的东西方才可以认可；不可以认可吗？一定也有不可以加以肯定的东西方才不能认可。道路是行走而成的，事物是人们称谓而就的。怎样才算是正确呢？正确在于其本身就是正确的。怎样才算是不正确呢？不正确在于其本身就是不正确的。怎样才能认可呢？能认可在于其自身就是能认可的。怎样才不能认可呢？不能认可在于其本身就是不能认可的。事物原本就有正确的一面，事物原本就有能认可的一面，没有什么事物不存在正确的一面，也没有什么事物不存在能认可的一面。所以可以列举细小的草茎和高大的庭柱，丑陋的癞头和美丽的西施，宽大、奇变、诡诈、怪异等千奇百怪的各种事态来说明这一点，从“道”的观点看它们都是相通而浑一的。旧事物的分解，亦即新事物的形成，新事物的形成，亦即旧事物的毁灭。所有事物并无形成与毁灭的区别，还是相通而浑一的特点。只有通达的人方才知晓事物相通而浑一的道理，因此不用固执地对事物做出这样那样的解释，而应把自己的观点寄托于平常的事理之中。所谓平常的事理就是无用而有用；认识事物无用就是有用，这就算是通达；通达的人才是真正了解事物常理的人；恰如其分地了解事物常理也就接近于大道。顺应事物相通而浑一的本来状态吧，这样还不能了解它的究竟，这就叫作“道”。耗费心思方才能认识事物浑然为一而不知事物本身就具有同一的性状和特点，这就叫“朝三”。什么叫作“朝三”呢？养猴人给猴子分橡子，说：“早上分给三升，晚上分给四升。”猴子们听了非常愤怒。养猴人便改口说：“那么就早上四升晚上三升吧。”猴子们听了都高兴起来。名义和实际都没有亏损，喜与怒却各为所用而有了变化，也就是因为这样的道理。因此，古代圣人把是与非混同起来，优游自得地生活在自然而又均衡的境界里，这就叫物与我各得其所、自行发展。

古时候的人，他们的智慧达到了最高的境界。如何才能达到最高的境界呢？那时有人认为，整个宇宙从一开始就不存在什么具体的事物，这样的认识是最了不起，最尽善尽美，而无以复加了。其次，认为宇宙之始是存在事物的，可是万事万物从不曾有过区分和界线。再其次，认为万事万物虽有这样那样的区别，但是却从不曾有过是与非的不同。是与非的显露，对于宇宙万物的理解也就因此出现亏损和缺陷，理解上出现亏损与缺陷，偏私的观念也就因此形成。果真有形成与亏缺吗？果真没有形成与亏缺吗？事物有了形成与亏缺，所以昭文才能够弹琴奏乐。没有形成和亏缺，昭文就不再能够弹琴奏乐。昭文善于弹琴，师旷精于乐律，惠施乐于靠着梧桐树高谈阔论，这三位先生的才智可说是登峰造极了！他们都享有盛誉，所以他们的事迹得到记载并流传下来。他们都爱好自己的学问与技艺，因而跟别人大不一样；正因为爱好自己的学问和技艺，所以总希望能够表现出来。而他们将那些不该彰明的东西彰明于世，因而最终以石之色白与质坚均独立于石头之外的迷昧而告终；而昭文的儿子也继承其父亲的事业，终生没有什么作为。像这样就可以称作成功吗？那即使是我虽无成就也可说是成功了。像这样便不可以

称作成功吗？外界事物和我本身就都没有成功。因此，各种迷乱人心的巧说辩言的炫耀，都是圣哲之人所鄙夷、摒弃的。所以说，各种无用均寄托于有用之中，这才是用事物的本然观察事物而求得真实的理解。

原 文 YuanWen

今且有言于此，不知其与是类[①]乎？其与是不类乎？类与不类，相与为类，则与彼无以异矣。虽然，请尝[②]言之。有始也者，有未始有始也者，有未始有夫未始有始也者。有有也者，有无也者，有未始有无也者，有未始有夫未始有无也者。俄而[③]有无矣，而未知有无之果孰有孰无也。今我则已有谓[④]矣，而未知吾所谓之其果有谓乎，其果无谓乎？天下莫大于秋豪之末[⑤]，而大山[⑥]为小；莫寿于殇子[⑦]，而彭祖为夭[⑧]。天地与我并生，而万物与我为一。既已为一矣，且得有言乎？既已谓之一矣，且得无言乎？一与言为二，二与一为三。自此以往，巧历[⑨]不能得，而况其凡[⑩]乎！故自无适[⑪]有以至于三，而况自有适有乎！无适焉，因是已[⑫]。

夫道未始有封[⑬]，言未始有常[⑭]，为是而有畛也[⑮]。请言其畛：有左有右，有伦有义[⑯]，有分有辩，有竞有争，此之谓八德[⑰]，六合[⑱]之外，圣人存而不论；六合之内，圣人论而不议[⑲]。春秋经世先王之志[⑳]，圣人议而不辩。故分也者，有不分也；辩也者，有不辩也。曰：何也？圣人怀[㉑]之，众人辩之以相示[㉒]也。故曰辩也者有不见也。

夫大道不称[㉓]，大辩不言，大仁不仁，不廉不嗛[㉔]，不勇不忮[㉕]。道昭[㉖]而不道，言辩而不及[㉗]，仁常而不成，廉清而不信，勇忮而不成。

五者圆而几向方矣[28]。故知止其所不知，至矣。孰知不言之辩、不道之道？若有能知，此之谓天府[29]。注焉而不满[30]，酌焉而不竭[31]，而不知其所由来，此之谓葆光[32]。

注 释 Zhushi

①类：同类、相同。
②尝：试。
③俄而：突然。
④谓：评说、议论。以下几句同此解。
⑤于：比。豪：通作“毫”，细毛。末：末梢。秋毫之末比喻事物的细小。
⑥大山：一说读如泰山。
⑦殇子：未成年而死的人。
⑧夭：夭折，短命。
⑨历：历数，计算。
⑩凡：平凡，这里指普通的人。
⑪适：往，到。
⑫因：顺应。已：矣。
⑬封：界线，分别。
⑭常：定见，定论。
⑮是：对的，正确的；“为是”，意思是各自认为自己是正确的。畛（zhěn）：田地里的界路，这里泛指事物、事理间的界线和区分。
⑯伦：次序。义：仪，等别。一说本句当作“有论有议”，姑备参考。
⑰八德：八类、八种。
⑱六合：天、地和东、西、南、北四方。
⑲论：研究。议：评说。

⑳ 春秋：这里泛指古代历史，并非指战国以前的那一段历史年代。经世：经纶世事，这是用调理织物来喻指治理社会。志：记载，这个意义后代写作“誌”。
㉑ 怀：囊括于胸，指不去分辨物我和是非，把物与我、是与非都容藏于身。
㉒ 示：显示，这里含有夸耀于外的意思。
㉓ 称：举称。一说通作“偁”，宣扬的意思。
㉔ 嗛（qiān）：通“谦”，谦逊。
㉕ 忮（zhì）：伤害。
㉖ 昭：明，这里指明白无误地完全表露出来。
㉗ 不及：达不到，这里指言论表达不到的地方。
㉘ 圆：这里作求圆解。几：近，近似。“圆而几向方”，意思是求圆却近似于方，比喻事与愿违。
㉙ 府：储存财物的地方。天府，指自然生成的府库，也就是整个宇宙。
㉚ 注：注入。焉：讲作“于之”。
㉛ 酌：舀取。竭：尽。
㉜ 葆（bǎo）：藏，隐蔽。“葆光”，即潜隐光亮而不露。

译 文 Yiwen

现在暂且在这里说一番话，不知道这些话跟其他人的谈论是相同的呢，还是不相同的呢？相同的言论与不相同的言论，既然相互间都是言谈议论，从这一意义说，不管其内容如何也就是同类的了。虽然这样，还是请让我试着把这一问题说一说。宇宙万物有它的开始，同样有它未曾开始的开始，还有它未曾开始的未曾开始的开始。宇宙之初有过这样那样的“有”，但也有个“无”，还有个未曾有过的“无”，同样也有个未曾有过的未曾有过的“无”。突然间生出了“有”和“无”，却不知道“有”与“无”谁是真正的“有”，谁是真正的“无”。现在我已经说了这些言论和看法，但却不知道我听说的言论和看法是我果真说过的言论和看法呢，还是果真没有说过的言论和看法呢？天下没有什么比秋毫的末端更大，而泰山算是最小；世上没有什么人比夭折的孩子更长寿，而传说中年寿最长的彭祖却是短命的。天地与我共生，万物与我为一体。既然已经浑然为一体，还能够有什么议论和看法？既然已经称作一体，又还能够没有什么议论和看法？客观存在的一体加上我的议论和看法就成了“二”，“二”如果再加上一个“一”就成了“三”，以此类推，最精明的计算也不可能求得最后的数字，何况大家都是凡夫俗子！所以，从无到有乃至推到“三”，又何况从“有”推演到“有”呢？没有必要这样地推演下去，还是顺应事物的本然吧。

所谓真理从不曾有过界线，言论也不曾有过定准，只因为各自认为只有自己的观点和看法才是正确的，这才有了这样那样的界线和区别。请让我谈谈那些界线和区别：有左有右，有序列有等别，有分解有辩驳，有竞争有相比，这就是所谓八类。天地四方宇宙之外的事，圣人总是存而不论；宇宙之内的事，圣人虽然细加研究，却不随意评说。至于古代历史上善于治理社会的前代君王们的记载，圣人虽然有所评说却不争辩。可知有分别就因为存在不能分别，有争辩也就因为存在不能辩驳。有人会说，这是为什么呢？圣人把事物都囊括于胸、容藏于己，而一般人则争辩不休夸耀于外，所以说，大凡争辩，总因为有自己所看不见的一面。

至高无上的真理是不必称扬的，最了不起的辩说是不必言说的，最具仁爱的人是不必向人表示仁爱的，最廉洁方正的人是不必表示谦让的，最勇敢的人是从不伤害他人的。真理完全表露于外那就不算是真理，逞言肆辩总有表达不到的地方，仁爱之心经常流露反而成就不了仁爱，廉洁到清白的极点反而不太真实，勇敢到随处伤人也就不能成为真正勇敢的人。这五种情况就好像着意求圆却几近成方一样。因此懂得停止于自己所不知晓的境域，那就是绝顶的明智。谁能真正通晓不用言语的辩驳、不用称说的道理呢？假如有谁能够知道，这就是所说的自然生成的府库。无论注入多少东西，它不会满盈；无论取出多少东西，它也不会枯竭，而且也不知这些东西出自哪里，这就叫作潜藏不露的光亮。

原 文 YuanWen

故昔者尧问于舜曰："我欲伐宗、脍、胥敖[①]，南面而不释然[②]，其故何也？"舜曰："夫三子者[③]，犹存乎蓬艾之间[④]。若[⑤]不释然，何哉？昔者十日并出[⑥]，万物皆照，而况德之进乎日者乎[⑦]！"

啮缺问乎王倪曰[⑧]："子知物之所同是[⑨]乎？"曰："吾恶乎知之！""子知子之所不知邪？"曰："吾恶乎知之！""然则物无知邪？"曰："吾恶乎知之！虽然，尝试言之。庸讵[⑩]知吾所谓知之非不知邪？庸讵知吾所谓不知之非知邪？且吾尝试问乎女[⑪]：民湿寝则腰疾偏死[⑫]，鰌[⑬]然乎哉？木处则惴慄恂惧[⑭]，猨猴[⑮]然乎哉？三者孰知正处？民食刍豢[⑯]，麋鹿食荐[⑰]，蝍蛆甘带[⑱]，鸱鸦耆鼠[⑲]，四者孰知正味？猨猵狙以为雌[⑳]，麋与鹿交，鰌与鱼游[㉑]。毛嫱丽姬[㉒]，人之所美也，鱼见之深入，鸟见之高飞，麋鹿见之决骤[㉓]。四者孰知天下之正色哉？自我观之，仁义之端[㉔]，是非之涂[㉕]，樊然殽乱[㉖]，吾恶能知其辩[㉗]！"

啮缺曰："子不知利害，则至人[㉘]固不知利害乎？"王倪曰："至人神[29]矣！大泽[30]焚而不能热，河汉沍[31]而不能寒，疾雷破山飘风振海而不能惊[32]。若然者，乘云气，骑日月，而游乎四海之外。死生无变于己[33]，而况利害之端乎！”

注释 Zhushi

① 宗、脍、胥敖：三个小国国名。
② 南面：君主临朝；古代帝王上朝理事总坐北朝南。释然：不耿介于怀的样子。一说“释”通作“怿”，喜悦的意思。
③ 三子者：指上述三国的国君。
④ 蓬艾：两种草名。“存乎蓬艾之间”比喻国微君卑，不足与之计较。
⑤ 若：你。
⑥ 十日并出：指古代寓言中十个太阳一并出来的故事，庄子借此比喻阳光普照到每一个地方。
⑦ 进：进了一步，具有超过、胜过的意思。
⑧ 齧（niè）缺、王倪：传说中的古代贤人，实为庄子寓言故事中虚拟的人物。
⑨ 所同是：意思是相互间共同的地方。
⑩ 庸讵：怎么、哪里。
⑪ 女：汝，你。
⑫ 湿寝：在潮湿的地方寝卧。偏死：偏瘫，即半身不遂。
⑬ 鰌（qiū）：“鳅”字的异体，即泥鳅。
⑭ 木处：在高高的树木上居住。惴、慄、恂（xún）、惧：四字都是恐惧、惧怕的意思。
⑮ 猨：“猿”字的异体，“猨猴”即“猿猴”。
⑯ 刍（chú）：草。豢（huàn）：养。“刍豢”即用草喂养，这里代指家畜、牲口。
⑰ 麋（mí）：一种食草的珍贵兽类，与鹿同科。荐（jiàn）：美草。

⑱ 蝍（jí）蛆（jū）：蜈蚣。甘：甜美，嗜好；这里作动词。带：小蛇。“甘带”意思是以小蛇为美食。

⑲ 鸱（chī）：猫头鹰。耆：亦写作“嗜”，嗜好。

⑳ 猵狙（biān jū）：一种类似猿猴的动物。“猨猵狙以为雌”，即“猿以狙猵为雌”。旧注猵狙喜与雌猿交配，“以猿为雌”，但与句法不合，姑备参考。

㉑ 游：戏游，即交尾。

㉒ 毛嫱（qiáng）、丽姬：古代著名的美人。

㉓ 决：迅疾的样子。骤：快速奔跑。

㉔ 端：端绪。

㉕ 塗：通作“途”，道路，途径。

㉖ 樊然：杂乱的样子。殽（yáo）：这里讲作“淆”，混杂的意思。

㉗ 辩：通作“辨”，分别、区分的意思。

㉘ 至人：这里指能够达到忘我境界的、道德修养极高的人。

㉙ 神：神妙不测。

㉚ 泽：聚水的洼地。泽地水源充足，林木灌丛生长茂密。

㉛ 沍（hù）：河水冻结。

㉜ 根据前两句的句式结构分析，这一句似应分别成两个七字句，故有人认为此处有脱落，疑为“疾雷破山不能伤，飘风振海不能惊”，姑备参考。

㉝ 无变于己：意思是对于他自己全无变化。

译 文 Yiwen

从前尧曾向舜问道：“我想征伐宗、脍、胥敖三个小国，每当上朝理事总是心绪不宁，是什么原因呢？”舜回答说：“那三个小国的国君，就像生存于蓬蒿艾草之中。你总是耿耿于怀心神不宁，为什么呢？过去十个太阳一块儿升起，万物都在阳光普照之下，何况你崇高的德行又远远超过了太阳的光亮呢！”

啮缺问王倪：“你知道各种事物相互间总有共同的地方吗？”王倪说：“我怎么知道呢！”啮缺又问：“你知道你所不知道的东西吗？”王倪回答说：“我怎么知道呢！”啮缺接着又问：“那么各种事物便都无法知道了吗？”王倪回答：“我怎么知道呢！虽然这样，我还是试着来回答你的问题。你怎么知道我所说的知道不是不知道呢？你又怎么知道我所说的不知道不是知道呢？我还是先问一问你：人们睡在潮湿的地方就会腰部患病甚至酿成半身不遂，泥鳅也会这样吗？人们住在高高的树木上就会心惊胆战、惶恐不安，猿猴也会这样吗？人、泥鳅、猿猴三者究竟谁最懂得居处的标准呢？人以牲畜的肉为食物，麋鹿食草芥，蜈蚣嗜吃小蛇，猫头鹰和乌鸦则爱吃老鼠，人、麋鹿、蜈蚣、猫头鹰和乌鸦这四类动物究竟谁才懂得真正的美味？猿猴把猵狙当作配偶，麋喜欢与鹿交配，泥鳅则与鱼交尾。毛嫱和丽姬，是人们称道的美人了，可是鱼儿见了她们深深潜入水底，鸟儿见了她们高高飞向天空，麋鹿见了她们撒开四蹄飞快地逃离。人、鱼、鸟和麋鹿四者究竟谁才懂得天下真正的美色呢？以我来看，仁与义的端绪，是与非的途径，都纷杂错乱，我怎么能知晓它们之间的分别！”

啮缺说：“你不了解利与害，道德修养高尚的至人难道也不知晓利与害吗？”王倪说：“进入物我两忘境界的至人实在是神妙不可测啊！林泽焚烧不能使他感到热，黄河、汉水封冻了不能使他感到冷，迅疾的雷霆劈山破岩、狂风翻江倒海不能使他感到震惊。假如这样，便可驾驭云气，骑乘日月，在四海之外遨游，死和生对于他自身都没有变化，何况利与害这些微不足道的端绪呢！”

原 文 YuanWen

瞿鹊子问乎长梧子曰[①]："吾闻诸夫子[②]，圣人不从事于务[③]，不就[④]利；不违[⑤]害，不喜求，不缘道[⑥]；无谓[⑦]有谓，有谓无谓，而游乎尘垢之外。夫子以为孟浪[⑧]之言，而我以为妙道之行也。吾子以为奚若[⑨]？"

长梧子曰："是黄帝之所听荧[⑩]也，而丘也何足以知之！且女亦大早计[⑪]，见卵而求时夜[⑫]，见弹而求鸮炙[⑬]。予尝为女妄言之，女以妄听之。奚旁[⑭]日月，挟宇宙？为其脗[⑮]合，置其滑涽[⑯]，以隶相尊[⑰]。众人役役[⑱]，圣人愚芚[⑲]，参万岁而一成纯[⑳]。万物尽[㉑]然，而以是相蕴[㉒]。

"予恶乎知说[㉓]生之非惑邪！予恶乎知恶死之非弱丧而不知归者邪[㉔]！丽之姬[㉕]，艾封人之子也[㉖]。晋国之始得之也，涕泣沾襟，及其至于王所，与王同筐床[㉗]，食刍豢，而后悔其泣也。予恶乎知夫死者不悔其始之蕲生乎！梦饮酒者，旦而哭泣；梦哭泣者，旦而田猎[㉘]。方其梦也，不知其梦也。梦之中又占其梦焉，觉而后知其梦也。且有大觉而后知此其大梦也，而愚者自以为觉，窃窃然[㉙]知之。君乎、牧[㉚]乎，固哉！丘也与女，皆梦也；予谓女梦，亦梦也。是其言也，其名为吊诡[㉛]。万世之后而一遇大圣，知其解者，是旦暮[㉜]遇之也！

"既使我与若辩矣[㉝]，若胜我，我不若胜[㉞]，若果是也，我果非也邪？我胜若，若不吾胜，我果是也，而[㉟]果非也邪？其或是也，其或非也邪？其俱是也，其俱非也邪？我与若不能相知也，则人固受其黮闇[㊱]，吾谁使[㊲]正之？使同乎若者正之？既与若同矣，恶能正之！

使同乎我者正之？既同乎我矣，恶能正之！使异乎我与若者正之？既异乎我与若矣，恶能正之！使同乎我与若者正之？既同乎我与若矣，恶能正之！然则我与若与人，俱不能相知也，而待彼也邪？化声之相待[38]，若其不相待，和之以天倪[39]，因之以曼衍[40]，所以穷年也[41]。

“何谓和之以天倪？曰：是不是，然不然。是若果是也，则是之异乎不是也亦无辩；然若果然也，则然之异乎不然也亦无辩。忘年忘义[42]，振于无竟[43]，故寓诸无竟[44]。”

注释 Zhushi

① 瞿鹊子、长梧子：杜撰的人名。
② 夫子：孔子，名丘，字仲尼，儒家创始人。
③ 务：事，含有琐细事务的意思。
④ 就：趋赴，追求。
⑤ 违：避开。
⑥ 缘：因循。“不缘道”即不拘于道。
⑦ 谓：说，言谈。
⑧ 孟浪：言语轻率不当。
⑨ 奚若：何如，怎么样。
⑩ 听荧（yíng）：疑惑不明。
⑪ 大早：过早。计：考虑。
⑫ 时夜：司夜，即报晓的鸡。
⑬ 鸮（xiāo）：一种肉质鲜美的鸟，俗名斑鸠。炙：烤肉。
⑭ 奚：这里用同“盍”，意思是“怎么不”。旁（bàng）：依傍。
⑮ 脗：“吻”字的异体。
⑯ 滑（gǔ）：通作“汩”，淆乱的意思。涽（hūn）：乱。一说讲作暗。

⑰隶：奴仆，这里指地位卑贱，与“尊”相对。

⑱役役：驰骛于是非之境，意思是一心忙于分辨所谓是与非。

⑲芚（chūn）：浑然无所觉察和识别的样子。

⑳参：糁糅。万岁：年代久远。“参万岁”意思是糅合历史的长久变异与沉浮。纯：精粹不杂，指不为纷乱和差异所乱。

㉑尽：皆、全。

㉒以是：因此，因为这个缘故。蕴：积。

㉓说（yuè）：通“悦”；喜悦。

㉔恶死：讨厌死亡。弱：年少。丧（sàng）：丧失，这里指流离失所。

㉕丽：丽戎，春秋时的小国。姬：美女。“丽之姬”即丽姬，宠于晋献公，素以美貌称于世。

㉖艾：地名。封人，封疆守土的人。子：女儿。

㉗筐床：亦写作“匡床”，方正而又安适的床。

㉘田：打猎。这个意义后代写作“畋”。“田猎”即畋猎。

㉙窃窃然：明察的样子。

㉚牧：牧夫，用指所谓卑贱的人，与高贵的“君”相对。固：鄙陋。

㉛吊诡：奇特、怪异。

㉜旦暮：很短的时间，含有偶然的意思。

㉝若：你，即说话人的对方瞿鹊子；“我”则为说话人长梧子。

㉞不若胜：即不胜你。

㉟而：你。

㊱黮（dǎn）：昏暗不明的样子。“闇”是“暗”字的异体。

㊲谁使：使谁。

㊳化声：变化的声音，这里指是非不同的言论。这一句及至“所以穷年也”，计五句二十五字，旧本原在下段中部“然若果然也”之前，今据上下文意和多本校勘意见前移于此。

㊴倪：分，“天倪”即天然的分际。

㊵因：顺应。曼衍：变化发展。

㊶所以：这里讲作“用这样的办法来……”。穷：尽，终了。

㊷年：概指生死。义：概指是非。

㊸振：畅。竟：通“境”；境界、境地。

㊹寓：寄托。

译文 Yiwen

瞿鹊子向长梧子问道：“我从孔夫子那里听到这样的谈论：圣人不从事琐细的事务，不追逐私利，不回避灾害，不喜好贪求，不因循成规；没说什么又好像说了些什么，说了些什么又好像什么也没有说，因而遨游于世俗之外。孔夫子认为这些都是轻率不当的言论，而我却认为是精妙之道的实践和体现。先生你认为怎么样呢？”

长梧子说：“这些话黄帝也会疑惑不解的，而孔丘怎么能够知晓呢！而且你也谋虑得太早，就好像见到鸡蛋便想立即得到报晓的公鸡，见到弹子便想立即获取烤熟的斑鸠肉。我姑且给你胡乱说一说，你也就胡乱听一听。怎么不依傍日月，怀藏宇宙？跟万物吻合为一体，置各种混乱纷争于不顾，把卑贱与尊贵都等同起来。人们总是一心忙于去争辩是非，圣人却好像十分愚昧无所觉察，糅合古往今来多少变异、沉浮，自身却浑成一体不为纷杂错异所困扰。万物全都是这样，而且因为这个缘故相互蕴积于浑朴而又精纯的状态之中。

“我怎么知道贪恋活在世上不是困惑呢？我又怎么知道厌恶死亡不是年幼流落他乡而老大还不知回归呢？丽姬是艾地封疆守土之人的女儿，晋国征伐丽戎时俘获了她，她当时哭得泪水浸透了衣襟；等她到晋国进入王宫，跟晋侯同睡一床而宠为夫人，吃上美味珍馐，也就后悔当初不该那么伤心地哭泣了。我又怎么知道那些死去的人不会后悔当初的求生呢？睡梦里饮酒作乐的人，天亮醒来后很可能痛哭饮泣；睡梦中痛哭饮泣的人，天亮醒来后又可能在欢快地逐围打猎。正当他在做梦的时候，他并不知道自己是在做梦。睡梦中还会卜问所做之梦的吉凶，醒来以后方知是在做梦。人在最为清醒的时候方才知道他自身也是一场大梦，而愚昧的人则自以为清醒，好像什么都知晓什么都明了。君尊牧卑，这种看法实在是浅薄鄙陋呀！孔丘和你都是在做梦，我说你们在做梦，其实我也在做梦。上面讲的这番话，它的名字可以叫作奇特和怪异。万世之后假若一朝遇上一位大圣人，悟出上述一番话的道理，这恐怕也是偶而遇上的吧！

“倘使我和你展开辩论，你胜了我，我没有胜你，那么，你果真对，我果真错吗？我胜了你，你没有胜我，我果真对，你果真错吗？难道我们两人有谁是正确的，有谁是不正确的吗？难道我们两人都是正确的，或都是不正确的吗？我和你都无从知道，而世人原本也都承受着蒙昧与晦暗，我们又能让谁作出正确的裁定？让观点跟你相同的人来判定吗？既然看法跟你相同，怎么能作出公正的评判！让观点跟我相同的人来判定吗？既然看法跟我相同，怎么能作出公正的评判！让观点不同于我和你的人来判定吗？既然看法不同于我和你，怎么能作出公正的评判！让观点跟我和你都相同的人来判定吗？既然看法跟我和你都相同，又怎么能作出公正的评判！如此，那么我和你跟大家都无从知道这一点，还等待别的什么人呢？辩论中的不同言辞跟变化中的不同声音一样相互对立，就像没有相互对立一样，都不能相互作出公正的评判。用自然的分际来调和它，用无尽的变化来顺应它，还是用这样的办法来了此一生吧。

“什么叫调和自然的分际呢？对的也就像是不对的，正确的也就像是不正确的。对的假如果真是对的，那么对的不同于不对的，这就不须去争辩；正确的假如果真是正确的，那么正确的不同于不正确的，这也无须去争辩。忘掉死生忘掉是非，到达无穷无尽的境界，因此圣人总把自己寄托于无穷无尽的境域之中。”

原 文 YuanWen

罔两问景曰[①]：“曩[②]子行，今子止；曩子坐，今子起。何其无特操与[③]？”景曰：“吾有[④]待而然者邪？吾所待又有待而然者邪？吾待蛇蚹蜩翼[⑤]邪？恶识所以然？恶识所以不然？”

昔者庄周梦为胡蝶[⑥]，栩栩然[⑦]胡蝶也，自喻适志与[⑧]！不知周也。俄然[⑨]觉，则蘧蘧然[⑩]周也。不知周之梦为胡蝶与，胡蝶之梦为周与？周与胡蝶，则必有分矣。此之谓物化[⑪]。

注 释 Zhushi

① 罔两：影子之外的微阴。景：影子，这个意义后代写作“影”。
② 曩（nǎng）：以往，从前。
③ 特：独。操：操守。
④ 待：依靠，凭借。
⑤ 蚹（fù）：蛇肚腹下的横鳞，蛇赖此行走。蜩：蝉。
⑥ 胡蝶：亦作蝴蝶，即蝴蝶。
⑦ 栩（xǔ）栩然：欣然自得的样子。
⑧ 喻：通作“愉”，愉快。适志：合乎心意，心情愉快。

⑨ 俄然：突然。

⑩ 蘧（qú）蘧然：惊惶的样子。

⑪ 物化：事物自身的变化。根据本段文意，所谓变化即外物与自我的交合，推进一步，一切事物也都将浑而为一。

译文 Yiwen

影子之外的微阴问影子："先前你行走，现在又停下；以往你坐着，如今又站了起来。你怎么没有自己独立的操守呢？"影子回答说："我是有所依凭才这样的吗？我所依凭的东西又有所依凭才这样的吗？我所依凭的东西难道像蛇的腹鳞和鸣蝉的翅膀吗？我怎么知道因为什么缘故会是这样？我又怎么知道因为什么缘故而不会是这样？"

过去庄周梦见自己变成蝴蝶，欣然自得地飞舞着的一只蝴蝶，感到多么愉快和惬意啊！不知道自己原本是庄周。突然间醒起来，惊惶不定之间方知原来是我庄周。不知是庄周梦中变成蝴蝶呢，还是蝴蝶梦见自己变成庄周呢？庄周与蝴蝶那必定是有区别的。这就可叫做物、我的交合与变化。

养生主

文章题解 Wenzhang Tijie

这是一篇谈养生之道的文章。“养生主”意思就是养生的要领。庄子认为，养生之道重在顺应自然，忘却情感，不为外物所滞。

全文分成三个部分，第一部分至“可以尽年”，是全篇的总纲，指出养生最重要的是要做到“缘督以为经”，即秉承事物中虚之道，顺应自然的变化与发展。第二部分至“得养生焉”，以厨工分解牛体比喻人之养生，说明处世、生活都要“因其固然”、“依乎天理”，而且要取其中虚“有间”，方能“游刃有余”，从而避开是非和矛盾的纠缠。余下为第三部分，进一步说明听凭天命，顺应自然，“安时而处顺”的生活态度。

庄子思想的中心，一是无所依凭自由自在，一是反对人为顺其自然，本文字里行间虽是在谈论养生，实际上是体现作者的哲学思想和生活旨趣。

原 文 YuanWen

吾生也有涯①，而知②也无涯。以有涯随③无涯，殆④已；已⑤而为知者，殆而已矣！为善无近⑥名，为恶无近刑。缘督以为经⑦，可以保身，可以全生⑧，可以养亲⑨，可以尽年⑩。

注 释 Zhushi

① 涯：边际，极限。

② 知（zhì）：知识，才智。

③ 随：追随，索求。

④ 殆：危险，这里指疲困不堪，神伤体乏。

⑤ 已：此，如此；这里指上句所说的用有限的生命索求无尽的知识的情况。

⑥ 近：接近，这里含有追求、贪图的意思。

⑦ 缘：顺着，遵循。督：中，正道。中医有奇经八脉之说，所谓督脉即身背之中脉，具有总督诸阳经之作用；“缘督”就是顺从自然之中道的含意。经：常。

⑧ 生：通作“性”，“全生”意思是保全天性。

⑨ 养亲：从字面上讲，上下文意不能衔接，旧说称不为父母留下忧患，亦觉牵强。姑备参考。

⑩ 尽年：终享天年，不使夭折。

译 文 Yiwen

人们的生命是有限的，而知识却是无限的。以有限的生命去追求无限的知识，势必神伤体乏，既然如此还在不停地追求知识，那可真是十分危险的了！做了世人所谓的善事却不去贪图名声，做了世人所谓的恶事却不至于面对刑戮的屈辱。遵从自然的中正之路并把它作为顺应事物的常法，这就可以护卫自身，就可以保全天性，就可以不给父母留下忧患，就可以终享天年。

原 文 YuanWen

庖丁为文惠君解牛①，手之所触②，肩之所倚③，足之所履④，膝之所踦⑤，砉然向然⑥，奏刀騞然⑦，莫不中音⑧，合于桑林之舞⑨，乃中经首之会⑩。

文惠君曰："嘻⑪，善哉！技盖⑫至此乎？"庖丁释⑬刀对曰："臣之所好者道也⑭，进乎技矣⑮。始臣之解牛之时，所见无非全牛者。三年之后，未尝见全牛也。方今之时，臣以神遇而不以目视，官知止而神欲行⑯。依乎天理⑰，批大郤⑱，导大窾⑲，因其固然；技经肯綮之未尝⑳，而况大軱㉑乎！良庖岁更刀，割也；族㉒庖月更刀，折也。今臣之刀十九年矣，所解数千牛矣，而刀刃若新发于硎㉓。彼节者有閒㉔，而刀刃者无厚。以无厚入有閒，恢恢乎其于游刃必有余地矣㉕，是以十九年而刀刃若新发于硎。虽然，每至于族㉖，吾见其难为，怵然㉗为戒，视为止，行为迟，动刀甚微。謋然㉘已解，如土委㉙地。提刀而立，为之四顾，为之踌躇满志㉚，善㉛刀而藏之。

文惠君曰："善哉！吾闻庖丁之言，得养生㉜焉。"

注 释 Zhushi

① 庖（páo）：厨房。"庖丁"即厨师。一说"庖"指厨师，"丁"是他的名字。为（wèi）：替，给。文惠君：旧说指梁惠王。解：剖开、分解。

② 触：接触。

③ 倚：靠。

④ 履：踏、踩。

⑤ 踦（yǐ）：用膝抵住。

⑥ 砉（huà）然：皮肉分离的声音。向（嚮）：通作“响（響）”，声响。向（响）然，多种声音相互响应的样子。

⑦ 奏：进。騞（huò）然：以刀快速割牛的声音。

⑧ 中（zhòng）：合乎；“中音”，意思是合乎音乐的节奏。

⑨ 桑林：传说中的殷商时代的乐曲名。“桑林之舞”意思是用桑林乐曲伴奏的舞蹈。

⑩ 经首：传说中帝尧时代的乐曲名。会：乐律，节奏。

⑪ 嘻：语气词。

⑫ 盖：通作“盍”，讲作何，怎么的意思。一说为句中语气词，读如“盖”。

⑬ 释：放下。

⑭ 好（hào）：喜好。道：事物的规律。

⑮ 进：进了一层，含有超过、胜过的意思。乎：于，比。

⑯ 官：器官，这里指眼。知：知觉，这里指视觉。

⑰ 天理：自然的纹理，这里指牛体的自然结构。

⑱ 批：击：郤（xì）：通作“隙”，这里指牛体筋腱骨骼间的空隙。

⑲ 导。引导，导向。窾（kuǎn）：空，这里指牛体骨节间较大的空处。

⑳ 技（zhī）：通作“枝”，指支脉。经：经脉。“技经”指经络结聚的地方。肯：附在骨上的肉。綮（qǐ）：骨肉连接很紧的地方。未：不曾。尝：尝试。

㉑ 軱（gū）：大骨。

㉒ 岁：每年。更（gēng）：更换。

㉓ 族：众；“族庖”指一般的厨师。

㉔ 閒（jiàn）：缝，间隙；这个意义后代写作“间”。

㉕ 恢恢：宽广。游刃：运转的刀刃。

㉖ 族：指骨节、筋腱聚结交错的部位。
㉗ 怵（chù）然：小心谨慎的样子。
㉘ 謋（huò）然：牛体分解的声音。
㉙ 委：堆积。
㉚ 踌躇：悠然自得的样子。满志：满足了心意。
㉛ 善：这里讲作摆弄、擦拭的意思。
㉜ 养生：其后省中心语，意思是“养生之道”。

译文 Yiwen

厨师给文惠君宰杀牛牲，分解牛体时手接触的地方，肩靠着的地方，脚踩踏的地方，膝抵住的地方，都发出砉砉的声响，快速进刀时刷刷的声音，无不像美妙的音乐旋律，符合桑林舞曲的节奏，又合于经首乐曲的乐律。

文惠君说：“嘻，妙呀！技术怎么达到如此高超的地步呢？”厨师放下刀回答说：“我所喜好的是摸索事物的规律，比起一般的技术、技巧又进了一层。我开始分解牛体的时候，所看见的没有不是一整头牛的。几年之后，就不曾再看到整体的牛了。现在，我只用心神去接触而不必用眼睛去观察，眼睛的官能似乎停了下来而精神世界还在不停地运行。依照牛体自然的生理结构，劈击肌肉骨骼间大的缝隙，把刀导向那些骨节之间大的空隙，顺着牛体的天然结构去解剖；从不曾碰撞过经络结聚的部位和骨肉紧密连接的地方，何况那些大骨头呢！优秀的厨师一年更换一把刀，因为他们是在用刀割肉；普通的厨师一个月就更换一把刀，因为他们是在用刀砍骨头。如今我使用的这把刀已经十九年了，所宰杀的牛牲上千头了，而刀刃锋利就像刚从磨刀石上磨过一样。牛的骨节乃至各个组合部位之间是有空隙的，而刀刃几乎没有什么厚度，用薄薄的刀刃插入有空隙的骨节和组合部位间，对于刀刃的运转和回旋来说那是多么宽绰而有余地呀。所以我的刀使用了十九年刀锋，仍像刚从磨刀石上磨过一样。虽然这样，每当遇上筋腱、骨节聚结交错的地方，我看到难于下刀，为此就格外谨慎不敢大意，目光专注，动作迟缓，动刀十分轻微。牛体霍霍地全部分解开来，就像是一堆泥土堆放在地上。我于是提着刀站在那儿，为此而环顾四周，为此而踌躇满志，这才把刀擦拭干净收藏起来。”文惠君说：“妙啊，我听了厨师这一番话，从中得到养生的道

理了。”

原 文 YuanWen

公文轩见右师而惊曰[①]：“是何人也？恶乎介[②]也？天与，其人与？”曰：“天也，非人也。天之生是使独也[③]，人之貌有与[④]也。以是知其天也，非人也。”泽雉[⑤]十步一啄，百步一饮，不蕲畜乎樊中[⑥]。神虽王[⑦]，不善也。

老聃[⑧]死，秦失[⑨]吊之，三号[⑩]而出。弟子曰：“非夫子之友邪？”曰：“然。”“然则吊焉若此，可乎？”曰：“然。始也吾以为其人[⑪]也，而今非也。向[⑫]吾入而吊焉，有老者哭之，如哭其子；少者哭之，如哭其母。彼其所以会之[⑬]，必有不蕲言而言，不蕲哭而哭者。是遁天倍情[⑭]，忘其所受[⑮]，古者谓之遁天之刑[⑯]。适来[⑰]，夫子[⑱]时也；适去，夫子顺也。安时而处顺，哀乐不能入也，古者谓是帝之县解[⑲]。”

指穷于为薪[⑳]，火传也，不知其尽也。

注 释 Zhushi

① 公文轩：相传为宋国人，复姓公文，名轩。右师：官名，古人常有借某人之官名称谓其人的习惯。

② 介：独，只有一只脚。一说“介”当作“兀”，失去一足的意思。

③ 是：此，指代形体上只有一只脚的情况。独：只有一只脚。

④ 与：旧注解释为“共”，所谓“有与”即两足共行。一说“与”当讲作赋予，意思是人的外形当是自然的赋予。

⑤ 雉：雉鸟，俗称野鸡。

⑥ 蕲：祈求，希望。畜：养。樊：笼。

⑦ 王（wàng）：旺盛，这个意义后代写作“旺”。
⑧ 老聃（dān）：相传即老子，楚人，姓李名耳。
⑨ 秦失（yì）：亦写作“秦佚”，老聃的朋友。
⑩ 号：这里指大声地哭。
⑪ 其人：指与秦失对话的哭泣者。老聃和秦失都把生死看得很轻，在秦失的眼里老聃的弟子也应都是能够超脱物外的人，但如此伤心地长久哭泣，显然哀痛过甚，有失老聃的遗风。
⑫ 向：刚才。
⑬ 彼其：指哭泣者，即前四句中的“老者”和“少者”。所以：讲作“……的原因”。会：聚，碰在一块儿。
⑭ 遁：逃避，违反。倍：通作“背”，背弃的意思。一说“倍”讲作“加”，是增益的意思。
⑮ 忘其所受：大意是忘掉了受命于天的道理。庄子认为人体秉承于自然，方才有生有死，如果好生恶死，这就忘掉了受命于天的道理。
⑯ 刑：过失。“遁天之刑”是说感伤过度，势必违反自然之道而招来过失。一说“刑”即刑辱之意。
⑰ 适：偶然。来：来到世上，与下一句的“去”讲作离开人世相对立；这里的“来”、“去”实指人的生和死。
⑱ 夫子：指老聃。
⑲ 帝：天，万物的主宰。县（xuán）：同“悬”。“帝之县解”犹言“自然解脱”。在庄子看来，忧乐不能入，死生不能系，做到“安时而处顺”，就自然地解除了困缚，犹如解脱了倒悬之苦。
⑳ 本句旨意历来解释纷纭，不得要领。根据前文所述可这样理解：“指”“薪”即脂薪，又称烛薪，用以取光照物，“穷”是尽的意思，油脂燃尽于浸裹的柴薪，但火种却不会熄灭，传之于无穷。

译文 Yiwen

公文轩见到右师大吃一惊，说：“这是什么人？怎么只有一只脚呢？是天生只有一只脚，还是人为地失去一只脚呢？”右师说：“天生成的，不是人为的。老天爷生就了我这样一副形体让我只有一只脚，人的外观完全是上天所赋予的。所以知道是天生的，不是人为的。”

沼泽边的野鸡走上十步才能啄到一口食物，走上百步才能喝到一口水，可是它丝毫也不会祈求畜养在笼子里。生活在樊笼里虽然不必费力寻食，但精力即使十分旺盛，那也是很不快意的。

老聃死了，他的朋友秦失去吊丧，大哭几声便离开了。老聃的弟子问道：“你不是我们老师的朋友吗？”秦失说：“是的。”弟子们又问：“那么像这样吊唁朋友，行吗？”秦失说：“行。原来我认为你们跟随老师多年都是超脱物外的人了，现在看来并不是这样的。刚才我进入灵房去吊唁，有老年人在哭他，像做父母的哭自己的孩子；有年轻人在哭他，像做孩子的哭自己的父母。他们之所以会聚在这里，一定有人本不想说什么却情不自禁地诉说了什么，本不想哭泣却情不自禁地痛哭起来。如此喜生恶死是违反常理、背弃真情的，他们都忘掉了人是秉承于自然、受命于天的道理，古时候人们称这种做法就叫做背离自然的过失。偶然来到世上，你们的老师他应时而生；偶然离开人世，你们的老师他顺依而死。安于天理和常分，顺从自然和变化，哀伤和欢乐便都不能进入心怀，古时候人们称这样作就叫做自然的解脱，好像解除倒悬之苦似的。”

取光照物的烛薪[illegible]，而火种却传续下来，永远不会熄灭。

人间世

文章题解 WenZhang Tijie

《人间世》的中心是讨论处世之道，既表述了庄子所主张的处人与自处的人生态度，也揭示出庄子处世的哲学观点。

全文可分为前后两大部分，前一部分至“可不惧邪”，以下为后一部分。前一部分假托三个故事：孔子在颜回打算出仕卫国时对他的谈话，叶公子高将出使齐国时向孔子的求教，颜阖被请去做卫太子师傅时向蘧伯玉的讨教，以此来说明处世之难，不可不慎。怎样才能应付艰难的世事呢？《庄子》首先提出要“心斋”，即“虚以待物”。再则提出要“知其不可奈何而安之若命”，第三提出要“正女身”，并“形莫若就”，“心莫若和”。归结到一点仍旧是“无己”。第二部分着力表达“无用”之为有用，用树木不成材却终享天年和支离疏形体不全却避除了许多灾祸来比喻说明，最后一句“人皆知有用之用，而莫知无用之用”，便是整个第二部分的结语。前后两部分是互补的，世事艰难推出了“无用”之用的观点，“无用”之用正是“虚以待物”的体现。“无用”之用决定了庄子“虚无”的人生态度，但也充满了辩证法，有用和无用是客观的，但也是相对的，而且在特定环境里还会出现转化。

原 文 YuanWen

颜回见仲尼[1]，请行。曰："奚之[2]？"曰："将之卫。"曰："奚为焉？"曰："回闻卫君，其年壮，其行独[3]；轻用其国，而不见其过；轻用民死，死者以国量乎泽若蕉[4]，民其无如[5]矣。回尝闻之夫子曰：'治国去[6]之，乱国就[7]之，医门多疾。'愿以所闻思其则[8]，庶几其国有瘳乎[9]！"

仲尼曰："嘻！若殆往而刑耳[10]！夫道不欲杂，杂则多，多则扰，扰则忧，忧而不救。古之至人，先存[11]诸己而后存诸人。所存于己者未定，何暇至于暴人[12]之所行！

"且若亦知夫德之所荡而知之所为出乎哉[13]？德荡乎名，知出乎争。名也者，相轧[14]也；知也者，争之器也。二者凶器，非所以尽行也。

"且德厚信矼[15]，未达人气[16]，名闻不争，未达人心。而强以仁义绳墨之言术暴人之前者[17]，是以人恶有其美也[18]，命之曰菑人[19]。菑人者，人必反菑之，若殆为人菑夫？且苟为悦贤而恶不肖[20]，恶用而[21]求有以异？若唯无诏[22]，王公必将乘人而斗其捷[23]。而目将荧[24]之，而色将平之[25]，口将营[26]之，容将形之[27]，心且成之[28]。是以火救火，以水救水，名之曰益多。顺始无穷，若殆以不信厚言，必死于暴人之前矣！

"且昔者桀杀关龙逢[29]，纣杀王子比干[30]，是皆修其身以下伛拊人之民[31]，以下拂其上者也[32]，故其君因其修以挤之[33]。是好名者也。

昔者尧攻丛枝、胥敖[34]，禹攻有扈[35]，国为虚厉[36]，身为刑戮；其用兵不止，其求实无已[37]。是皆求名实者也，而独不闻之乎？名实者，圣人之所不能胜也，而况若乎！虽然，若必有以[38]也，尝以语我来[39]！”

注 释 Zhushi

① 颜回：孔子的弟子，姓颜名回字子渊，鲁国人。仲尼：孔子，仲尼为字。孔子与颜回的这段谈话完全出自假托。

② 之：往。

③ 独：专断。

④ 蕉：草芥。

⑤ 如：往。“无如”意思是没有归往的地方。

⑥ 去：离。

⑦ 就：趋赴，前往。

⑧ 以：用，根据。则：准则，办法。

⑨ 庶几：也许可以；含有希望的意思。瘳（chōu）：病愈，这里指国家恢复了元气。

⑩ 殆：恐怕，大概。刑：遭受刑戮。

⑪ 存：存立，这里指道德修养的建立。

⑫ 暴人：施政暴虐的人，这里指卫国国君。

⑬ 荡：丧失，毁坏。所为：讲作“……的原因”。

⑭ 轧：倾轧。

⑮ 矼（qiāng）：坚实、笃厚。

⑯ 人气：犹言民情、民心，与下句的“人心”意思相近。“未达人气”、“未达人心”，意思是未能得到人们广泛的理解。

⑰ 绳墨：喻指规矩、规范。术（術）：通作“述”。一说“術”字是“衒”字之误，卖弄的意思。

⑱ 此句就上下文意看很难串通。一说“有”字乃是“育”字之误，讲作“卖”，

即“鬻”的意思。其：己，以第三人称代词变用为己称。

⑲ 命之：名之，称谓它。菑（zāi）：“災”字的异体，“災”字今简化为“灾”。

⑳ 悦：喜好。不肖：不像，这里指不学好。

㉑ 而：汝，你。

㉒ 唯：只。诏：告，这里指向卫君进言。

㉓ 王公：指卫君。乘：趁；“乘人”就是抓住说话人说漏了嘴的机会。一说讲作借助国君的威势。捷：形容言语快捷善辩，不让说话对方有喘息思考的机会。

㉔ 荧：眩，迷惑。

㉕ 色：脸色。平：平和。

㉖ 营：营救，这里指用言语自我解脱。

㉗ 容：容颜、态度。形：显露，表现。

㉘ 成之：以之为成，把对方的作为加以认可。

㉙ 桀：夏代最后一个国君，素以暴虐称著于史。关龙逢：夏桀时代的贤臣，因直言劝谏而被夏桀杀害。

㉚ 纣：商代最后一个国君，史传又一个暴君。比干：商纣王的庶出叔叔，也因力谏而被纣王杀害。

㉛ 下：下位，居于臣下之位。伛（yǔ）拊（fǔ）：怜爱抚育。人：人君的省称。

㉜ 拂：违反。上：居于上位的人，这里指国君。

㉝ 修：美好，这里专指很有道德修养。挤：排斥。

㉞ 丛枝、胥敖：帝尧时代的两个部落小国的国名。《齐物论》中有宗、脍、胥敖之称，“丛枝”疑即“宗”“脍”，姑备参考。

㉟ 有扈：古国名。

㊱ 虚：墟所，这个意义后代写作“墟”。厉：人死而无后代。

㊲ 实：实利。已：止。

㊳ 有以：有所依凭。

㊴ 以语我：把它告诉给我。来：句末语气词，表示感叹。

译文 Yiwen

颜回拜见老师仲尼，请求同意他出远门。孔子说：“到哪里去呢？”颜回回答：“打算去卫国。”孔子说：“去卫国干什么呢？”颜回说：“我听说卫国的国君，他正年轻，办事专断；轻率地处理政事，却看不到自己的过失；轻率地役使百姓使人民大量死亡，死人遍及全国不可称数，就像大泽中的草芥一样，百姓都失去了可以归往的地方。我曾听老师说：‘治理得好的国家可以离开它。治理得不好的国家却要去到那里，就好像医生门前病人多一样。’我希望根据先生的这些教诲思考治理卫国的办法，卫国也许还可以逐步恢复元气吧！”

孔子说：“嘻！你恐怕去到卫国就会遭到杀害啊！推行大道是不宜掺杂的，杂乱了就会事绪繁多，事绪繁多就会心生扰乱，心生扰乱就会产生忧患，忧患多了也就自身难保，更何况拯救国家。古时候道德修养高尚的至人，总是先使自己日臻成熟方才去扶助他人。如今在自己的道德修养方面还没有什么建树，哪里还有什么工夫到暴君那里去推行大道！

“你懂得道德毁败和智慧表露的原因吗？道德的毁败在于追求名声，智慧的表露在于争辩是非。名声是互相倾轧的原因，智慧是互相争斗的工具。二者都像是凶器，不可以将它推行于世。

“一个人虽然德行纯厚诚实笃守，可未必能和对方声气相通，一个人虽然不争名声，可未必能得到广泛的理解。而勉强把仁义和规范之类的言辞述说于暴君面前，这就好比用别人的丑行来显示自己的美德，这样的做法可以说是害人。害人的人一定会被别人所害，你这样做恐怕会遭到别人的伤害的呀！况且，假如说卫君喜好贤能而讨厌恶人，那么，哪里还用得着等待你去才有所改变？你果真去到卫国，也只能是不向卫君进言，否则卫君一定会紧紧抓住你偶然说漏嘴的机会快捷地向你展开争辩。你必将眼花缭乱，而面色将佯作平和，你说话自顾不暇，容颜将被迫俯就，内心也就姑且认同卫君的所作所为了。这样做就像是用火救火，用水救水，可以称之为错上加错。有了依顺他的开始，以后顺从他的旨意便会没完没了，假如你未能取信便深深进言，那么一定会死在这位暴君面前。

“从前，夏桀杀害了敢于直谏的关龙逄，商纣王杀害了力谏的叔叔比干，这些贤臣他们都十分注重自身的道德修养而以臣下的地位抚爱人君的百姓，同时也以臣下的地位违逆了他们的国君，所以他们的国君就因为他们道德修养高尚而排斥他们、杀害了他们。这就是喜好名声的结果。当年帝尧征伐丛枝和胥敖，夏禹攻打有扈，三国的土地变成废墟，人民全都死尽，而国君自身也遭受杀戮，原因就是三国不停地使用武力，贪求别国的土地和人口。这些都是求名求利的结果，你偏偏就没有听说过吗？名声和实利，就是圣人也不可能超越，何况是你呢？虽然这样，你必定有所依凭，你就试着把它告诉我吧！”

原 文 YuanWen

颜回曰：“端而虚[7]，勉而一[8]。则可乎？”曰：“恶[3]，恶可！夫以阳为充孔扬[4]，采色不定[5]，常人之所不违，因案[6]人之所感，以求容与[7]其心，名之曰日渐[8]之德不成，而况大德乎！将执[9]而不化，外合而内不訾[10]，其庸讵可乎[11]！”

“然则我内直而外曲[12]，成而上比[13]。内直者，与天[14]为徒。与

天为徒者，知天子之与己皆天之所子[15]。而独以己言蕲乎而人善之[16]，蕲乎而人不善之邪？若然者，人谓之童子[17]，是之谓与天为徒。外曲者，与人之为徒也。擎跽曲拳[18]，人臣之礼也，人皆为之，吾敢不为邪？为人之所为者，人亦无疵[19]焉，是之谓与人为徒。成而上比者，与古为徒，其言虽教，谪[20]之实也；古之有也，非吾有也。若然者，虽直而不病[21]，是之谓与古为徒。若是则可乎？"仲尼曰："恶，恶可！大多政法而不谍[22]，虽固[23]亦无罪。虽然，止是耳矣[24]，夫胡[25]可以及化！犹师心[26]者也。"

颜回曰："吾无以进矣，敢问其方[27]。"仲尼曰："斋[28]，吾将语若！有心[29]而为之，其易邪？易之者，暤天不宜[30]。"颜回曰："回之家贫，唯不饮酒不茹荤者数月矣[31]。如此，则可以为斋乎？"曰："是祭祀之斋，非心[32]斋也。"回曰："敢问心斋。"仲尼曰："若一志[33]，无听之以耳而听之以心，无听之以心而听之以气[34]！听止于耳[35]，心止于符[36]。气也者，虚而待物者也。唯道集虚[37]。虚者，心斋也。"

颜回曰："回之未始得使[38]，实自[39]回也；得使之也，未始有回也。可谓虚乎？"夫子曰："尽[40]矣。吾语若！若能入游其樊而无感其名[41]，入[42]则鸣，不入则止。无门无毒[43]，一宅而寓于不得已[44]，则几[45]矣。绝迹易，无行地[46]难。为人使易以伪[47]，为天使难以伪。闻以有翼飞者矣，未闻以无翼飞者也；闻以有知知者矣，未闻以无知知者也[48]。瞻彼阕者[49]，虚室生白[50]，吉祥止止[51]。夫且不止，是之谓坐驰[52]，夫徇耳目内通而外于心知[53]，鬼神将来舍，而况人乎！是万物之化也，禹舜之所纽[54]也，伏戏几蘧之所行终[55]，而况散焉者[56]乎！"

注释 Zhushi

①端：端庄、正派。虚：虚豁、谦逊。“端”指外表，“虚”指内心。
②勉：勤恳努力。一：这里是始终如一，忠贞不贰的意思。
③恶（wū）：叹词，驳斥之声；与下句疑问代词用法的“恶”不同。
④阳：指刚猛之盛气。充：满，充斥于心。孔：甚，很。扬：露于外表。
⑤采色：这里指面部表情。采色不定，犹言喜怒无常。
⑥案：压抑，压制。
⑦容与：放纵。
⑧渐：浸渍，润泽。
⑨执：固守己见。
⑩外合：外表赞同。訾（zǐ）：非议。不訾是不愿对自己的言行做出反省。
⑪其：那，那样。庸讵：怎么。
⑫直：正直，光明正大。曲：弯曲，含有俯首曲就的意思。
⑬成：成就，指心中有数，已有成熟的主张和看法。一说引用现成的话。上：上世，指古代。“上比”意思是跟古代的做法相比较。
⑭天：自然。
⑮所子：所养育的子女。
⑯蕲：祈求，希望得到。善之：以之为善，把这样的言论看作是正确的。
⑰童子：未成年的人。
⑱擎：举，这里指手里拿着朝笏（hù）。跽：长跪。曲拳：躬身屈体。
⑲疵（cī）：诽谤。
⑳讁（zhé）：“谪”字的异体，谴责、责备。
㉑病：怨恨、祸害。
㉒大：太。政：通作“正”，端正、纠正的意思。谍：当。
㉓固：固陋，执着而不通达。

㉔止是：只此。耳矣：罢了。

㉕胡：何，怎么。

㉖师：讲作以……为师。心：这里指内心的定见。

㉗敢：表示谦敬之词，相当于今天“斗胆地”、“冒昧地”之意。方：办法。

㉘斋：斋戒，指祭祀前的清心洁身，这里专指清心。

㉙有心：指怀有积极用世之心。

㉚暤（hào）：通作“昊”，广大的意思。“暤天”就是“大天”。宜：当，合适。

㉛茹：吃。荤：旧注指荤辛，即葱蒜之类的菜。

㉜心斋：内心的斋戒。

㉝一：专一。“一志”意思是凝寂虚忘，摒除杂念，心思高度专一。

㉞气：“气”在中国古代哲学中是一极为重要的概念，指构成宇宙万物的本原。但这里是指虚以待物的心境。

㉟“听止于耳”一句，联系下句当是“耳止于听”之误倒。

㊱符：合。

㊲虚：这里指纯净、空明的境界。

㊳得使：意思是禀受了心斋的教诲。

㊴自：疑是“有”字之误。

㊵尽：详尽，指颜回的上述言论对于“心斋”的理解，说得十分深透。

㊶樊：篱笆，喻指卫君统治的范围，并暗含追名逐利之场所的意思。感其名：为名利地位所动。

㊷入：采纳进谏。

㊸毒：通作“壔”（dǎo），累积土石用作保卫门栏的土台，喻指索求门径的标的。

㊹一：心思高度集中。宅：这里用指心灵的位置。“一宅”意思就是心灵安于凝聚专一，全无杂念。

㊺几：近，意思是做到了这一步就接近于大道，符合“心斋”的要求了。

㊻无行地：行走却不践地，喻指做了什么事都不留下痕迹。

㊼使：驱使。伪：假。

㊽ 有知知者：前者读 zhì，智慧、才能之意。后者读 zhī，意即认识、了解。
㊾ 瞻：望。阕：空虚。
㊿ 虚室：空灵的精神世界。白：洁净，指什么也不存在的虚无的心理状态。
51 止止：意思是止于凝静的心境。
52 坐驰：形体坐在那里而心理却驰骋于他处。
53 徇：使。内通，向内通达。外：这里是排除的意思。心知：心智。
54 纽：枢纽，关键。
55 伏戏、几蘧（qú）：传说时代的远古帝王。"伏戏"多写为"伏羲"。终：到底，遵循始终。
56 散焉者：指疏散的人，即普通、平常的人。

译 文 Yiwen

颜回说："我外表端庄内心虚豁，勤奋努力终始如一，这样就可以了吗？"孔子说："唉，这怎么可以呢！卫君刚猛暴烈盛气露于言表，而且喜怒无常，人们都不敢有丝毫违背他的地方，他也借此压抑人们的真实感受和不同观点，以此来放纵他的欲望。这真可以说是每日用道德来感化都不会有成效，更何况用大德来劝导呢？他必将固守己见而不会改变，表面赞同而内心里也不会对自己的言行作出反省，你那样的想法怎么能行得通呢？"

颜回说："如此，那我就内心秉正诚直而外表俯首曲就，内心自有主见并处处跟古代贤人作比较。内心秉正诚直，这就是与自然为同类。跟自然为同类，可知国君与自己都是上天养育的子女。又何必把自己的言论宣之于外而希望得到人们的赞同，还是希望人们不予赞同呢？像这样做，人们就会称之为未失童心，这就叫跟自然为同类。外表俯首曲就的人，是跟世人为同类。手拿朝笏躬身下拜，这是做臣子的礼节，别人都这样去做，我敢不这样做吗？做一般人臣都做的事，人们也就不会责难了吧，这就叫跟世人为同类。心有成见而上比古代贤人，是跟古人为同类。他们的言论虽然很有教益，指责世事才是真情实意。这样做自古就有，并不是从我才开始的。像这样做，虽然正直不阿却也不会受到伤害，这就叫与古人为同类。这样做便可以了吗？”孔子说：“唉，怎么可以呢？太多的事情需要纠正，就是有所效法也会出现不当，虽然固陋而不通达也没有什么罪责。即使这样，也不过如此而已，又怎么能感化他呢！你好像是太执着于自己内心成见的人哩。”

颜回说：“我没有更好的办法了，冒昧地向老师求教方策。”孔子说：“斋戒清心，我将告诉你！如果怀着积极用世之心去做，难道是容易的吗？如果这样做也很容易的话，苍天也会认为是不适宜的。”颜回说：“我颜回家境贫穷，不饮酒浆，不吃荤食已经好几个月了，像这样，可以说是斋戒了吧？”孔子说：“这是祭祀前的所谓斋戒，并不是‘心斋’。”颜回说：“我请教什么是‘心斋’。”孔子说：“你必须摒除杂念，专一心思，不用耳去听而用心去领悟，不用心去领悟而用凝寂虚无的意境去感应！耳的功用仅只在于聆听，心的功用仅只在于跟外界事物交合。凝寂虚无的心境才是虚弱柔顺而能应待宇宙万物的，只有大道才能汇聚集于凝寂虚无的心境。虚无空明的心境就叫作‘心斋’。”

颜回说：“我不曾禀受过‘心斋’的教诲，所以确实存在一个真实的颜回；我禀受了‘心斋’的教诲，我便顿时感到不曾有过真实的颜回。这可以叫作虚无空明的境界吗？”孔子说：“你对‘心斋’的理解实在十分透彻。我再告诉你，假如能够进入到追名逐利的环境中遨游而又不为名利地位所动，卫君能采纳，你就阐明你的观点，不能采纳，你就停止不说，不去寻找仕途的门径，也不向世人提示索求的标准，心思凝聚全无杂念，把自己寄托于无可奈何的境域，那么就差不多合于‘心斋’的要求了。一个人不走路容易，走了路不在地上留下痕迹就很难。受世人的驱遣容易伪装，受自然的驱遣便很难作假。听说过凭借翅膀才能飞翔，不曾听说过没有翅膀也能飞翔；听说过有智慧才能了解事物，不曾听说过没有智慧也可以了解事物。看一看那空旷的寰宇，空明的心境顿时便是一片纯净，而什么也都不复存在，一切吉祥之事都消逝于凝静的境界。至此还不能凝止，这就叫形坐神驰。倘若让耳目的感观向内通达而又排除心智于外，那么鬼神将会前来归附，何况是人呢！这就是万物的变化，是禹和舜所把握的要领，也是伏羲、几蘧所遵循始终的道理，何况普通的人呢！”

原 文 YuanWen

叶公子高将使于齐[1]，问于仲尼曰：“王使诸梁[2]也甚重，齐之待使者，盖将甚敬而不急，匹夫犹未可动，而况诸侯乎！吾甚慄[3]之。子常语诸梁也曰：‘凡事若[4]小若大，寡不道以懽成[5]。事若不成，则必有人道之患[6]；事若成，则必有阴阳之患[7]。若成若不成而后无患者，唯有德者能之。’吾食也执粗而不臧[8]，爨无欲清之人[9]。今吾朝受命而夕饮冰，我其内热[10]与！吾未至乎事之情[11]，而既有阴阳之患矣；事若不成，必有人道之患。是两也，为人臣者不足以任[12]之，子其有以语我来！”

仲尼曰："天下有大戒[13]二：其一命也，其一义也。子之爱亲，命也，不可解于心；臣之事君，义也，无适而非君也[14]，无所逃于天地之间。是之谓大戒。是以夫事其亲者，不择地而安之，孝之至也；夫事其君者，不择事而安之，忠之盛[15]也；自事其心[16]者，哀乐不易施[17]乎前，知其不可奈何而安之若命，德之至也。为人臣子者，固有所不得已。行事之情而忘其身，何暇至于悦生而恶生！夫子其行可矣！

"丘请复以所闻：凡交近则必相靡以信[18]，远则必忠之以言[19]，言必或传之。夫传两喜两怒之言[20]，天下之难者也。夫两喜必多溢美之言[21]，两怒必多溢恶之言。凡溢之类妄[22]，妄则其信之也莫[23]，莫则传言者殃。故法言[24]曰：'传其常情，无传其溢言，则几乎全[25]。'且以巧斗力[26]者，始乎阳[27]，常卒乎阴[28]，泰至则多奇巧[29]；以礼饮酒者，始乎治[30]，常卒乎乱，泰至则多奇乐[31]。凡事亦然：始乎谅[32]，常卒乎鄙[33]；其作始也简，其将毕也必巨。

"言者，风波也；行者，实丧[34]也。夫风波易以动，实丧易以危。故忿设[35]无由，巧言偏辞[36]。兽死不择音，气息茀然[37]，于是并生心厉[38]。剋核[39]大至，则必有不肖[40]之心应之，而不知其然也。苟为不知其然也，孰知其所终！故法言曰：'无迁[41]令，无劝成[42]，过度益[43]也。'迁令劝成殆事[44]，美成在久[45]，恶成不及改，可不慎与！且夫乘物[46]以游心，托不得已以养中[47]，至矣。何作[48]为报也！莫若为致命[49]，此其难者！"

注 释 Zhushi

① 叶公子高：楚庄王玄孙尹成子，名诸梁，字子高。为楚大夫，封于叶（旧注读为shè），自僭为“公”，故有“叶公子高”之称。使：出使。

② 使诸梁：以诸梁为使。

③ 慄：恐惧。

④ 若：或者。

⑤ 寡：少。道：由，通过。懽：“歡”字的异体，今简作“欢”。“欢成”，指圆满的结果。

⑥ 人道之患：人为的祸害，指国君的惩罚。

⑦ 阴：事未办成时的忧惧。阳：事已办成时的喜悦。这里是说忽忧忽喜而交集于心，势必失调以致病患。

⑧ 执粗：食用粗茶淡饭。臧：好。“不臧”指不精美的食品。

⑨ 爨（cuàn）：炊，烹饪食物。这句话颇费解，联系上下文大意是，烹饪食物也就无须解凉散热的人。

⑩ 内热：内心烦躁和焦虑。

⑪ 情：真实。

⑫ 任：承担。

⑬ 戒：法。“大戒”指人生足以为戒的大法。

⑭ 无适而非君也：适，往、到。全句是说，天下虽大，但所到之处，没有不受国君统治的地方。

⑮ 盛：极点、顶点。

⑯ 自事其心：侍奉自己的心思，意思是注意培养自己的道德修养。

⑰ 施（yí）：移动，影响。

⑱ 靡（mō）：通作“摩”，爱抚顺从的意思。一说通作“縻”，维系的意思。“相靡以信”，用诚信相互和顺与亲近。

⑲ 忠之以言：用忠实的语言相交。一说“忠”字为“忠”字之误，“忠”为固

字之古体。
⑳ 两喜两怒之言：两国国君或喜或怒的言辞。
㉑ 溢：满，超出。“溢美之言”指过分夸赞的言辞。下句“溢恶之言”为对文，指过分憎恶的话。
㉒ 妄：虚假。
㉓ 莫：薄。“信之以莫”意思是真实程度值得怀疑。
㉔ 法言：古代的格言。
㉕ 全：保全。
㉖ 斗力：相互较力，犹言相互争斗。
㉗ 阳：指公开地争斗。
㉘ 卒：终。阴：指暗地里使计谋。
㉙ 泰至：大至，达到极点。奇巧：指玩弄阴谋。
㉚ 治：指合乎常理和规矩。
㉛ 奇乐：放纵无度。
㉜ 谅：取信，相互信任。
㉝ 鄙：恶，欺诈。
㉞ 实丧：得失。这句话是说，传递语言总会有得有失。
㉟ 设：置，含有发作、产生的意思。
㊱ 巧：虚浮不实。偏：片面的。
㊲ 茀（bó）：通作“勃”；“茀然”，气息急促的样子。
㊳ 厉：狠虐；“心厉”，指伤害人的恶念。
㊴ 剋：“克”字的异体。“剋核”，即苛责。
㊵ 不肖：不善，不正。
㊶ 迁：改变。
㊷ 劝：勉力；这里含有力不能及却勉强去做的意思。成：指办成功什么事。“劝成”，意思是勉强让人去做成某一件事。
㊸ 益：添加。一说“益”就是“溢”的意思，即前面所说的“溢之类妄”的含意。

㊹ 殆：危险。“殆事”犹言“坏事”。

㊺ 美成：意思是美好的事情要做成功。下句“恶成”对文，意思是坏事做成了。

㊻ 乘物：顺应客观事物。

㊼ 中：中气，这里指神智。

㊽ 作：作意。大意是何必为齐国作意其间。

㊾ 为致命：原原本本地传达国君的意见。一说“命”当讲作天命，即自然的意思，则全句大意是不如顺应自然。

译文 Yiwen

叶公子高将要出使齐国，他向孔子请教：“楚王派我诸梁出使齐国，责任重大。齐国接待外来使节，总是表面恭敬而内心怠慢。平常老百姓尚且不易说服，何况是诸侯呢！我心里十分害怕。您常对我说：‘事情无论大小，很少有不通过言语的交往可以获得圆满结果的。事情如果办不成功，那么必定会受到国君惩罚；事情如果办成功了，那又一定会忧喜交集酿出病害。事情办成功或者办不成功都不会留下祸患，只有道德高尚的人才能做到。’我每天吃的都是粗糙不精美的食物，烹饪食物的人也就无须解凉散热。我今天早上接受国君诏命，到了晚上就得饮用冰水，恐怕是因为我内心焦躁担忧吧！我还不曾接触到事情的真实，就已经有了忧喜交加所导致的病患；事情假如真办不成，那一定还会受到国君惩罚。成与不成这两种结果，做臣子的我都不足以承担，先生你大概有什么可以教导我吧！”

孔子说：“天下有两个足以为戒的大法：一是天命，一是道义。做儿女的敬爱双亲，这是自然的天性，是无法从内心解释的；臣子侍奉国君，这是人为的道义，天地之间无论到什么地方都不会没有国君的统治，这是无法逃避的现实。这就叫做足以为戒的大法。所以侍奉双亲的人，无论什么样的境遇都要使父母安适，这是孝心的最高表现；侍奉国君的人，无论办什么样的事都要让国君放心，这是尽忠的极点。注重自我修养的人，悲哀和欢乐都不容易使他受到影响，知道世事艰难，无可奈何却又能安于处境、顺应自然，这就是道德修养的最高境界。做臣子的原本就会有不得已的事情，遇事要能把握真情并忘掉自身，哪里还顾得上眷恋人生、厌恶死亡呢！你这样去做就可以了！

“不过我还是把我所听到的道理再告诉你：但凡与邻近国家交往一定要用诚信使相互之间和顺亲近，而与远方国家交往则必定要用语言来表示相互间的忠诚。国家间交往的语言总得有人相互传递。传递两国国君喜怒的言辞，乃是天下最困难的事。两国国君喜悦的言辞必定添加了许多过分的夸赞，两国国君愤怒的言辞必定添加了许多过分的憎恶。大凡过度的话语都类似于虚构，虚构的言辞其真实程度也就值得怀疑，国君产生怀疑传达信息的使者就要遭殃。所以古代格言说：‘传达平实的言辞，不要传达过分的话语，那么也就差不多可以保全自己了。’况且以智巧相互较量的人，开始时平和开朗，后来就常常暗使计谋，达到极点时则大耍阴谋、倍生诡计。按照礼节饮酒的人，开始时规规矩矩合乎人情，到后来常常就一片混乱大失礼仪，达到极点时则荒诞淫乐、放纵无度。无论什么事情恐怕都是这样：开始时相互信任，到头来互相欺诈；开始时单纯细微，临近结束时便变得纷繁巨大。

“言语犹如风吹的水波，传达言语定会有得有失。风吹波浪容易动荡，有了得失容易出现危难。所以愤怒发作没有别的什么缘由，就是因为言辞虚浮而又片面失当。猛兽临死时什么声音都叫得出来，气息急促喘息不定，于是迸发伤人害命的恶念。大凡过分苛责，必会产生不好的念头来应付，而他自己也不知道这是怎么回事。假如做了些什么而他自己却又不知道那是怎么回事，谁还能知道他会有怎样的结果！所以古代格言说：‘不要随意改变已经下达的命令，不要勉强他人去做力不从心的事，说话过头一定是多余、添加的。’改变成命或者强人所难都是危险，成就一桩好事要经历很长的时间，坏事一旦做出，悔改是来不及的。为人处世能不审慎吗！至于顺应自然而使心志自在遨游，一切都寄托于无可奈何以蓄养神智，这就是最好的办法。有什么必要着意回报！不如原原本本地传达国君所给的使命，这样做有什么困难呢！”

原 文 YuanWen

颜阖将傅卫灵公大子[1]，而问于蘧伯玉[2]曰："有人于此，其德天杀[3]。与之为无方[4]，则危吾国；与之为有方，则危吾身。其知[5]适足以知人之过，而不知其所以过[6]。若然者，吾奈之何？"

蘧伯玉曰："善哉问乎！戒之慎之，正女身也哉！形莫若就[7]，心莫若和[8]。虽然，之[9]二者有患。就不欲入[10]，和不欲出[11]。形就而入，且为颠[12]为灭，为崩为蹶[13]。心和而出，且为声为名[14]，为妖为孽[15]。彼且为婴儿，亦与之为婴儿；彼且为无町畦[16]，亦与之为无町畦；彼且为无崖[17]，亦与之为无崖。达[18]之，入于无疵[19]。

"汝不知夫螳螂乎？怒其臂以当车辙[20]，不知其不胜任也，是其才之美[21]者也。戒之，慎之！积伐而美者以犯之[22]，几[23]矣。汝不知夫养虎者乎？不敢以生物[24]与之，为其杀之之怒也[25]；不敢以全物与之，为其决[26]之之怒也。时其饥饱，达[27]其怒心。虎之与人异类而媚养己者[28]，顺也；故其杀者，逆[29]也。

夫爱马者，以筐盛矢[30]，以蜄盛溺[31]。适有蚊虻[32]仆缘，而拊[33]之不时，则缺衔毁首碎胸[34]。意有所至而爱有所亡[35]，可不慎邪！"

注 释 Zhushi

① 颜阖：鲁国的贤人。傅卫灵公大子：给卫灵公太子作师傅。大（tài）子：太子。

② 蘧（qú）伯玉：卫国的贤大夫，名瑗，字伯玉。

③ 天杀：生就的凶残嗜杀。

④ 与之：朝夕与共的意思。方：法度、规范。

⑤ 其知（zhì）：他们的智慧。

⑥ 其：“其”字的指代含意旧注指前句之有过者，认为公子自身无道，致使百姓有过，全句意思是，却不知道人们为什么出现过错。“其”字一说作反身自代讲，全句意思则是，却不知道自己为什么会出现过错。姑备参考。译文从前一说。
⑦ 形：外表；与下句“心”相对文。就：靠拢，亲近。
⑧ 和：顺，含有顺其本性的意思，近似于疏导的含意。
⑨ 之：这。
⑩ 入：关系太深。
⑪ 出：超出，过于显露，与上句“入”字对文。
⑫ 颠：仆倒，坠落。
⑬ 崩：毁坏。蹶：失败，挫折。联系前一句，“颠”、“灭”、“崩”、“蹶”均用指“形就而入”可能造成的恶果。
⑭ 为（wèi）：为了。本句两个“为”字跟上下三句的另六个“为”字含意不同，其他六个“为”字均是造成、招致的意思。
⑮ 孽（niè）：灾害。
⑯ 町（tǐng）畦（qí）：田间的界路，喻指分界、界线。
⑰ 崖：山边或岸边，“无崖”喻指无边，没有约束。
⑱ 达：通达，指通过疏导与卫太子思想相通，逐步地使他走上正途。
⑲ 疵：病，这里指行动上的过失。
⑳ 怒：奋起。当：阻挡；这个意义后代写作“挡”。辙：车轮行过的印记。“车辙”犹言“车轮”。
㉑ 是其才之美：即“以其才之美为是”，即自恃才能太高。
㉒ 积：长期不断地。伐：夸耀。而：你。
㉓ 几：危险。
㉔ 生物：活物。
㉕ 为其杀之之怒也：唯恐它扑杀活物时而诱发残杀生物的怒气。
㉖ 决：裂，撕开。

㉗ 达：通晓、了解。
㉘ 异类：不同类。媚：喜爱。
㉙ 逆：反，触犯。
㉚ 矢：屎，粪便。
㉛ 蜄（shèn）：大蛤，这里指蛤壳。溺：尿。
㉜ 蚊虻：即牛虻。仆缘：附着，指叮在马身上。
㉝ 拊（fǔ）：拍击。
㉞ 衔：马勒口，“缺衔”指咬断了勒口。首：辔头，“毁首”指挣断了辔头。胸：胸饰，“碎胸”指弄坏了络饰。
㉟ 亡：失。“意有所至”是说本意在于爱马；“爱有所亡”是说失其所爱，适得其反。

译文 Yiwen

颜阖将被请去做卫国太子的师傅，他向卫国贤大夫蘧伯玉求教：“如今有这样一个人，他的德行生就凶残嗜杀。跟他朝夕与共如果不符合法度与规范，势必危害自己的国家；如果合乎法度和规范，那又会危害自身。他的智慧足以了解别人的过失，却不了解别人为什么会出现过错。像这样的情况，我将怎么办呢？”

蘧伯玉说：“问得好啊！要警惕，要谨慎，首先要端正你自己！表面上不如顺从依就以示亲近，内心里不如顺其秉性暗暗疏导。即使这样，这两种态度仍有隐患。亲附他不要关系过密，疏导他不要心意太露。外表亲附到关系过密，会招致颠仆毁灭，招致崩溃失败。内心顺性疏导显得太露，将被认为是为了名声，也会招致祸害。他如果像个天真的孩子一样，你也姑且跟他一样像个无知无识的孩子；他如果同你不分界线，那你也就跟他不分界线。

他如果跟你无拘无束，那么你也姑且跟他一样无拘无束。慢慢地将他思想疏通引入正轨，便可进一步达到没有过错的地步。

“你不了解那螳螂吗？奋起它的臂膀去阻挡滚动的车轮，不明白自己的力量全然不能胜任，还自以为才高智盛很有力量。警惕呀，谨慎呀！经常夸耀自己的才智而触犯了他，就危险了！你不了解那养虎的人吗？他从不敢用活物去喂养老虎，因为他担心扑杀活物会激起老虎凶残的怒气；他也从不敢用整个的动物去喂养老虎，因为他担心撕裂动物也会诱发老虎凶残的怒气。知道老虎饥饱的时刻，通晓老虎暴戾凶残的秉性。老虎与人不同类却向饲养人摇尾乞怜，原因就是养老虎的人能顺应老虎的性子，而那些遭到虐杀的人，是因为触犯了老虎的性情。

“爱马的人，以精细的竹筐装马粪，用珍贵的蛤壳接马尿。刚巧一只牛虻叮在马身上，爱马之人出于爱惜随手拍击，没想到马儿受惊便咬断勒口，挣断辔头，弄坏胸络。意在爱马却失其所爱，能够不谨慎吗！”

原 文 YuanWen

匠石之齐[①]，至于曲辕，见栎社树[②]。其大蔽数千牛，絜之百围[③]，其高临山[④]，十仞而后有枝[⑤]，其可以为舟者旁十数[⑥]。观者如市，匠伯不顾[⑦]，遂行不辍[⑧]。弟子厌观[⑨]之，走及匠石[⑩]，曰：“自吾执斧斤以随夫子[⑪]，未尝见材如此其美也。先生不肯视，行不辍，何邪？”曰：“已矣[⑫]，勿言之矣！散木[⑬]也，以为舟则沈[⑭]，以为棺椁[⑮]则速腐，以为器则速毁，以为门户则液樠[⑯]，以为柱则蠹[⑰]。是不材之木也，无所可用，故能若是之寿⑱。”

匠石归，栎社见梦⑲曰：“女将恶乎比予⑳哉？若将比予于文木邪㉑？夫柤梨橘柚㉒，果蓏之属㉓，实熟则剥㉔，剥则辱㉕；大枝折，小枝泄㉖。此以其能苦其一生者也㉗，故不终其天年而中道夭，自掊㉘击于世俗者也。物莫不若是。且予求无所可用久矣，几死，乃今得之，为予大用㉙。使予也而有用，且得有此大也邪？且也若与予也皆物也，奈何哉其相㉚物也？而几死之散人㉛，又恶知散木！”

匠石觉而诊㉜其梦。弟子曰：“趣取㉝无用，则为社何㉞邪？”曰：“密㉟！若无言！彼亦直㊱寄焉，以为不知己者诟厉㊲也。不为社者，且几有翦㊳乎！且也彼其所保与众异，而以义喻之㊴，不亦远乎！”

注释 Zhushi

① 匠石：名叫“石”的匠人。之：往。

② 栎（lì）：树名。社：土神。“栎社树”意思是把栎树当作社神。

③ 絜（xié）：用绳子计量周围。围：周长一尺。

④ 临山：接近山巅。

⑤ 仞：八尺。

⑥ 旁：通作“方”，且：将的意思。

⑦ 匠伯：即匠石。“伯”这里用指工匠之长。

⑧ 辍（chuò）：中止，停。

⑨ 厌（厭）：满足，这个意义后代写作“餍”，今简化为“厌”。“厌观”意思是看了个够。

⑩ 走：跑。及：赶上。

⑪ 斤：斧之一种，后称“锛”，即横口斧。

⑫ 已：止。“已矣”犹言“算了”。

⑬ 散木：指不成材的树木。

⑭ 以为：即“以之为”，把它做成。沈（chén）：同“沉”。

⑮ 槨（guǒ）：“椁”字的异体，指棺外的套棺。

⑯ 户：单扇的门。液：浸渍。樠（mán）：松木心；“液樠”意思是像松木心那样液出树脂。一说为一树名，其心似松。

⑰ 蠹（dù）：蛀蚀。

⑱ 若是之寿：像这样的长寿。

⑲ 见（xiàn）：拜见。“见梦”即梦中会见。

⑳ 比：比并，相提并论。“比予”即跟我相提并论。

㉑ 文：纹理，这个意义后代写作“纹”。“文木”即可用之木。

㉒ 柤（zhā）：楂。

㉓ 蓏（luǒ）：瓜类植物的果实。属：类。

㉔ 实：果实。剥：通作“攴（pō）”，用器物轻轻打落在地。

㉕ 辱：屈；意思是果树摘落果实后枝干就随意受人摧残。

㉖ 泄（yè）：通作“抴”；“抴”亦写作“拽”，用力拉的意思。

㉗ 以：因。苦其一生：使其一生受苦。

㉘ 掊（pǒu）：打。

㉙ 为予大用：这里隐含有“积无用而为大用”的哲理。正因为被人们视为无用之材，所以才保全了自身，这才成就我最大的用处。

㉚ 相：看待。

㉛ 散人：不成材的人，相对“散木”说的。

㉜ 诊：通作“畛”，告诉的意思。

㉝ 趣：意趣。“趣取”就是意在求取。

㉞ 为社何：意思是为什么做社树而让世人供奉。

㉟ 密：默，犹言“闭嘴”。

㊱ 直：通作“特”，仅只的意思。
㊲ 诟厉：辱骂、伤害。
㊳ 翦（jiǎn）：斩伐。
㊴ 义：常理。喻：了解。

译文 Yiwen

匠人石去齐国，来到曲辕这个地方，看见一棵被世人当作神社的栎树。这棵栎树树冠大到可以遮蔽数千头牛，用绳子绕着量一量树干，足有头十丈粗，树梢高临山巅，离地面八十尺处方才分枝，用它来造船可造十余艘。观赏的人群像赶集似的涌来涌去，而这位匠人连瞧也不瞧一眼，不停步地往前走。他的徒弟站在树旁看了个够，跑着赶上了匠人石，说：“自我拿起刀斧跟随先生，从不曾见过这样壮美的树木。可是先生却不肯看一眼，不住脚地往前走，为什么呢？”匠人石回答说：“算了，不要再说它了！这是一棵什么用处也没有的树，用它做成船定会沉没，用它做成棺椁定会很快朽烂，用它做成器皿定会很快毁坏，用它做成屋门定会流脂而不合缝，用它做成屋柱定会被虫蛀蚀。这是不能取材的树。没有什么用处，所以它才能有如此长寿。”

匠人石回到家里，梦见社树对他说：“你将用什么东西跟我相提并论呢？你打算拿可用之木来跟我相比吗？那楂、梨、橘、柚都属于果树，果实成熟就会被打落在地，打落果子以后枝干也就会遭受摧残，大的枝干被折断，小的枝丫被拽下来。这就是因为它们能结出鲜美果实才苦了自己的一生，所以常常不能终享天年而半途夭折，自身招来了世俗人们的打击。各种事物莫不如此。而且我寻求没有什么用处的办法已经很久很久了，几乎被砍死，这才保全住性命，无用也就成就了我最大的用处。假如我果真是有用，还能够获得延年益寿这一最大的用处吗？况且你和我都是‘物’，你这样看待事物怎么可以呢？你不过是几近死亡的没有用处的人，又怎么会真正懂得没有用处的树木呢！”

匠人石醒来后把梦中的情况告诉给他的弟子。弟子说：“旨意在于求取无用，那么它又为什么样做社树而让世人供奉呢？”匠人石说：“闭嘴，别说了！它只不过是在寄托罢了，反而招致不了解自己的人的辱骂和伤害。如果它不做社树的话，它还不遭到砍伐吗？况且它用来保全自己的办法与众不同，而用常理来了解它，可不就相去太远了吗！”

原文 YuanWen

南伯子綦游乎商之丘[①]，见大木焉有异，结驷[②]千乘，隐将芘其所藾[③]。子綦曰：“此何木也哉？此必有异材夫！”仰而视其细枝，则拳曲[④]而不可以为栋梁；俯而视其大根，则轴解[⑤]而不可以为棺椁；咶[⑥]其叶，则口烂而为伤；嗅之，则使人狂酲[⑦]，三日而不已[⑧]。

子綦曰：“此果不材之木也，以至于此其大也。嗟乎神人[⑨]，以[⑩]此不材！”宋有荆氏者[⑪]，宜楸柏桑。其拱把[⑫]而上者，求狙猴之杙者斩之[⑬]；三围四围[⑭]，求高名之丽者斩之[⑮]；七围八围，贵人富商之家求椫傍[⑯]者斩之。故未终其天年，而中道之夭于斧斤，此材之患也。故解之以牛之白颡者与豚之亢鼻者[⑰]，与人有痔病者不可以适[⑱]河。此皆巫祝[⑲]以知矣，所以为不祥也。此乃神人之所以为大祥也。

注释 Zhushi

① 南伯子綦：人名，庄子寓言中人物。商之丘：即商丘，在今河南省，地名。

② 驷（sì）：一辆车套上四匹马。
③ 芘（pí）：通作“庇”，荫庇的意思。藾（lài）：荫蔽。
④ 拳曲：弯弯曲曲的样子。
⑤ 轴：指木心。解：裂开。“轴解”意思是从木心向外裂开。一说“解”讲作“散”，指纹理松散不可用。
⑥ 咶（shì）：通作“舐”，用舌头舔。
⑦ 酲（chéng）：酒醉。
⑧ 已：止。
⑨ 嗟乎：感叹声。
⑩ 以：如，这个意义后代写作“似”。
⑪ 荆氏：地名。
⑫ 拱：两手相合。把：一手所握。
⑬ 杙（yì）：小木桩，用来系牲畜的。斩：指砍伐。
⑭ 围：一说指两臂合抱的长度。一说两手拇指和食指合拢起来的长度。
⑮ 高名：指地位高贵名声显赫的人家。丽：通作，栋，即屋之中梁。
⑯ 樿（shàn）傍：指由独幅做成的棺木左右扇。
⑰ 解之：指祈祷神灵以消灾。颡（sǎng）：额。亢：高；“亢鼻”指鼻孔上仰。古人以高鼻折额、毛色不纯的牲畜和痔漏的人为不洁净，因而不用于祭祀。
⑱ 适：沉入河中以祭神。
⑲ 巫祝：巫师。

译 文 Yiwen

南伯子綦在商丘一带游乐，看见长着一棵出奇的大树，上千辆驾着四马的大车，停靠在大树树荫下歇息。子綦说：“这是什么树呢？这树一定有特异的材质啊！”仰头观看大树的树枝，弯弯扭扭的树枝并不可以用来做栋梁；低头观看大树的主干，树心直到表皮旋着裂口并不可以用来做棺椁；用舌舔一舔树叶，口舌溃烂受伤；用鼻闻一闻气味，使人像喝多了酒，三天三夜还醒不过来。

子綦说："这果真是什么用处也没有的树木，以至长到这么高大。唉，精神世界完全超脱物外的'神人'，就像这不成材的树木呢！"宋国有个叫荆氏的地方，很适合楸树、柏树、桑树的生长。树干长到一两把粗，做系猴子的木桩的人便把树木砍去；树干长到三、四围粗，地位高贵名声显赫的人家寻求建屋的大梁便把树木砍去；树干长到七、八围粗，达官贵人富家商贾寻找整幅的棺木又把树木砍去。所以它们始终不能终享天年，而是半道上被刀斧砍伐而短命。这就是材质有用带来的祸患。因此古人祈祷神灵消除灾害，总不把白色额头的牛、高鼻折额的猪以及患有痔漏疾病的人沉入河中去用作祭奠。这些情况巫师全都了解，认为他们都是很不吉祥的。不过这正是"神人"所认为的世上最大的吉祥。

原　文 YuanWen

支离疏[①]者，颐隐于脐[②]，肩高于顶，会撮[③]指天，五管[④]在上，两髀为胁[⑤]。挫鍼治繲[⑥]，足以糊口；鼓筴播精[⑦]，足以食十人。上[⑧]征武士，则支离攘臂[⑨]而游于其间；上有大役，则支离以有常疾不受功[⑩]；上与病者粟，则受三钟[⑪]与十束薪。夫支离其形者，犹足以养其身，终其天年，又况支离其德者乎？

注　释 Zhushi

① 支离疏：假托的人名。"支离"隐含形体不全的意思，"疏"隐含泯灭其智的意思。

② 颐：下巴。脐：肚脐。
③ 会撮：发髻。因为脊背弯曲，所以发髻朝天。
④ 五管：五官。旧说指五脏的腧穴。
⑤ 髀（bì）：股骨，这里指大腿。胁（xié）：腋下肋骨所在的部位。
⑥ 鍼（zhēn）：“针”字的异体。“挫鍼”即缝衣。繲（xiè）：洗衣。
⑦ 鼓：簸动。筴：小簸箕。播：扬去灰土与糠屑。
⑧ 上：指国君、统治者。
⑨ 攘（rǎng）：捋。“攘臂”指捋起衣袖伸长手臂。
⑩ 以：因。常疾：残疾。功：通作“工”，指劳役之事。
⑪ 钟：古代粮食计量单位，合六斛四斗。

译文 Yiwen

有个名叫支离疏的人，下巴隐藏在肚脐下，双肩高于头顶，后脑下的发髻指向天空，五官的出口也都向上，两条大腿和两边的胸肋并生在一起。他给人缝衣浆洗，足够糊口度日；又替人筛糠簸米，足可养活十口人。国君征兵时，支离疏捋袖扬臂在征兵人面前走来走去；国君有大的差役，支离疏因身有残疾而免除劳役；国君向残疾人赈济米粟，支离疏还领得三钟粮食十捆柴草。像支离疏那样形体残缺不全的人，还足以养活自己，终享天年，又何况像形体残缺不全那样的德行呢！

原文 YuanWen

孔子适①楚，楚狂接舆②游其门曰：“凤③兮凤兮，何如德之衰也④！来世不可待，往世不可追也。天下有道⑤，圣人成⑥焉；天下无道，圣人生焉。方今之时，仅免刑焉。福轻乎⑦羽，莫之知载⑧；祸重乎地，莫之知避。已矣已矣[9]。临人以德！殆乎殆乎，画地而趋[10]！迷阳[11]迷阳，无伤吾行！吾行郤曲[12]，无伤吾足。”

山木自寇[13]也，膏火自煎[14]也。桂[15]可食，故伐之；漆可用，故割之。人皆知有用之用，而莫知无用之用也。

注释 Zhushi

① 适：往。

② 楚狂接舆：楚国的隐士，相传姓陆名通，接舆为字。

③ 凤：凤鸟，这里用来比喻孔子。

④ 何如：如何，怎么。之：往。全句大意是，怎么怀有圣德却来到这衰乱之国。一说“如”通作“尔”，全句讲作怎么你的德行衰败了。姑备参考。

⑤ 有道：指顺应规律使社会得到治理。下句的“无道”则与此相反。

⑥ 成：指成就了事业。

⑦ 乎：于，比。

⑧ 莫：不。载：取。

⑨ 已矣：即“算了”。

⑩ 画地：在地面上画出道路来。“画地而趋”，喻指人为的规范让人们去遵循。

⑪ 迷阳：指荆棘。

⑫ 郤（xì）曲：屈曲，指道路曲折难行。根据上句结构特点，“吾行郤曲”当与“迷阳迷阳”结构相同，而“吾行”很可能是传抄时误迭，则全句当是“郤曲郤曲”。

⑬ 寇：侵犯，掠夺。“自寇”意思是自取砍伐。

⑭ 膏：油脂。“自煎”意思是自取熔煎。

⑮ 桂：树名，其皮可作香料。

译文 Yiwen

孔子去到楚国，楚国隐士接舆特意来到孔子门前，说：“凤鸟啊，凤鸟啊！

你怎么怀有大德却来到这衰败的国家！未来的世界不可期待，过去的时日无法追回。天下得到了治理，圣人便成就了事业；国君昏暗天下混乱，圣人也只得顺应潮流苟全生存。当今这个时代，怕就只能免遭刑辱。幸福比羽毛还轻，而不知道怎么取得；祸患比大地还重，而不知道怎么回避。算了吧，算了吧！不要在人前宣扬你的德行！危险啊，危险啊！人为地划出一条道路让人们去遵循！遍地的荆棘啊，不要妨碍我的行走！曲曲弯弯的道路啊，不要伤害我的双脚！”

山上的树木皆因材质可用而自身招致砍伐，油脂燃起烛火，皆因可以燃烧照明而自取熔煎。桂树皮芳香可以食用，因而遭到砍伐，树漆因为可以派上用场，所以遭受刀斧割裂。人们都知道有用的用处，却不懂得无用的更大用处。

德充符

文章题解 WenZhang Tijie

本篇的中心在于讨论人的精神世界，应该怎样反映宇宙万物的本原观念和一体性观念。庄子在本篇里所说的“德”，并非通常理解的道德或者德行，而是指一种心态。庄子认为宇宙万物均源于“道”，而万事万物尽管千差万别，归根到底又都浑然为一，从这两点出发，体现在人的观念形态上便应是“忘形”与“忘情”。所谓“忘形”就是物我俱化，死生同一；所谓“忘情”就是不存在宠辱、贵贱、好恶、是非。这种“忘形”与“忘情”的精神状态就是庄子笔下的“德”。“充”指充实，“符”则是证验的意思。

为了说明“德”的充实与证验，文章想象出一系列外貌奇丑或形体残缺不全的人，但是他们的“德”又极为充实，这样就组成了自成部分的五个小故事：孔子为王骀所折服，申徒嘉使子产感到羞愧，孔子的内心比叔山无趾更为丑陋，孔子向鲁哀公称颂哀骀它，闉跂支离无脤和瓮㼜大瘿为国君所喜爱。五个小故事之后又用庄子和惠子的对话作为结尾，即第六部分，在庄子的眼里，惠子恰是“德”充符的反证，还赶不上那些貌丑形残的人。

原 文 YuanWen

鲁有兀者王骀[①]，从之游者与仲尼相若。常季[②]问于仲尼曰："王骀，兀者也。从之游者与夫子中分鲁[③]。立不教，坐不议；虚而往，实而归。固有不言之教，无形而心成者邪[④]？是何人也？"仲尼曰："夫子，圣人也，丘也直后[⑤]而未往耳。丘将以为师，而况不若丘者乎！奚假[⑥]鲁国！丘将引天下而与从之。"

常季曰："彼兀者也，而王先生[⑦]，其与庸亦远矣[⑧]。若然者，其用心也独若之何[⑨]？"仲尼曰："死生亦大矣，而不得与之变，虽天地覆坠，亦将不与之遗[⑩]。审乎无假[⑪]而不与物迁，命物之化而守其宗也[⑫]。"常季曰："何谓也？"仲尼曰："自其异者视之，肝胆楚越也[⑬]；自其同者视之，万物皆一[⑭]也。夫若然者，且不知耳目之所宜[⑮]，而游心乎德之和[⑯]；物视其所一而不见其所丧[⑰]，视丧其足犹遗土[⑱]也。"

常季曰："彼为己以其知[⑲]，得其心以其心[⑳]。得其常心[㉑]，物何为最之哉[㉒]？"仲尼曰："人莫鑑于流水而鑑于止水[㉓]，唯止能止众止[㉔]。受命于地[㉕]，唯松柏独也在冬夏青青；受命于天，唯舜独也正，幸能正生[㉖]，以正众生。夫保始之征[㉗]，不惧之实；勇士一人，雄入于九军[㉘]。将求名而能自要[㉙]者，而犹若是，而况官[㉚]天地，府[㉛]万物，直寓六骸[㉜]，象[㉝]耳目，一知[㉞]之所知，而心未尝死者乎！彼且择日而登假[㉟]，人则从是也。彼且何肯[㊱]以物为事乎！"

注 释 Zhushi

① 兀：通作“跀（yuè）”，断足的刑法。“兀者”指受过跀刑只有一只脚的人。王骀（tái）：假托的人名。

② 常季：鲁国贤人，传说为孔子弟子。

③ 中分鲁：在鲁国平分，意思是在鲁国彼此间差不多，不分上下。

④ 无形：不具有完整的形体。心成：内心世界达到成熟的境界。一说“无形”指不须用形表，“心成”指潜移默化。

⑤ 直：通作“特”，仅只的意思。后：意思是落在对方的后面。

⑥ 奚：何。假：已，只。

⑦ 王：突出、超过的意思；“王先生”即远远超过了先生。

⑧ 庸：平庸，这里指平常的人。“其与庸亦远矣”，是说他跟平常人相比也就相差很远很远了。

⑨ 若之何：如何，怎么样。

⑩ 遗：失。“不与之遗”是说不会随着天翻地覆的情况而丧失。

⑪ 审：明悉，通晓。假：凭依；“无假”即是“无待”。旧注“假”，通作“瑕”，指审度自己没有一点儿毛病；姑备参考。

⑫ 命：任。“命物之化”就是听任事物的变化。宗：本，主旨。

⑬ 肝胆楚越：肝胆两种器官紧紧相连，楚越两国相去甚远，喻指邻近的肝胆同于一体之中也像是楚越那样相去甚远。

⑭ 一：同一，一样的。

⑮ 耳目之所宜：指适宜于听觉、视觉的东西。

⑯ 游心：使心灵自由驰骋遨游。和：混同。

⑰ 听一：同一的方面。所丧：失去而引起差异的一面。

⑱ 遗土：失落土块。

⑲ 以下四句很不好理解，各家断句也不一致，这里取传统的断句方法。为己：

即修己。知：智慧。“为己以其知”即“以其知为己”，意思是运用自己的才智来修养自己。

⑳ 得其心以其心：即以其心得其心，大意是，用自己的心智去求取自己的理念。

㉑ 常心：真常之心，即忘知忘觉，无思无虑的心境。

㉒ 物：外物，这里指众多的门徒。何为：为何，为什么。最：聚集。

㉓ 鑑：“鉴”字的异体，照看，审察的意思。远古无镜子，人们对着盛有水的器皿照看就像今天照镜子一样，故有“鉴于止水”而“莫鉴于流水”的说法。

㉔ 唯止能止众止：唯有静止之物方能照人，方能使别的什么东西也静止下来。

㉕ 以下四句有的版本为六句：“受命于地，唯松柏独也正，在冬夏青青；受命于天，唯尧舜独也正，在万物之首。”句式要工整得多，姑备参考。

㉖ 正生：即正己，指端正自己的品行。下句“正众生”即端正他人的品行。

㉗ 始：本初之态。征：迹象。

㉘ 九：非实数，“九军”犹言千军万马。一说天子六军，诸侯三军，故名九军。

㉙ 要：通作“徼”，求取的意思。

㉚ 官：主宰。

㉛ 府：包藏。

㉜ 寓六骸：把自身的躯体当作寓所。

㉝ 象：表象。

㉞ 一知：自然赋予的智慧。

㉟ 假：通作“格”，陟升的意思。

㊱ 冐：“肯”字之古体。

译文 Yiwen

鲁国有个被砍掉一只脚的人，名叫王骀，可是跟从他学习的人却跟孔子的门徒一样多。孔子的学生常季向孔子问道：“王骀是个被砍去了一只脚的人，跟从他学习的人在鲁国却和先生的弟子相当。他站着不能给人教诲，坐着不能议论大事；弟子们却空怀而来，学满而归。难道确有不用言表的教导，身残体秽形却内心世界也能达到成熟的境界吗？这又是什么样的人呢？”孔子回答说：“王骀先生是一位圣人，我的学识和品行都落后于他，只是还没有前去请教他罢了。我将把他当作老师，何况学识和品行都不如我孔丘的人呢！何止鲁国，我将引领天下的人跟从他学习。”

常季说：“他是一个被砍去了一只脚的人，而学识和品行竟超过了先生，跟平常人相比相差就更远了。像这样的人，他运用心智是怎样与众不同的呢？”仲尼回答说：“死或生都是人生变化中的大事了，可是死或生都不能使他随之变化；即使天翻过来地坠下去，他也不会因此而丧失、毁灭。他通晓无所依凭的道理而不随物变迁，听任事物变化而信守自己的要旨。”常季说：“这是什么意思呢？”孔子说：“从事物千差万别的一面去看，邻近的肝胆虽同处于一体之中，也像是楚国和越国那样相距很远；从事物都有相同的一面去看，万事万物又都是同一的。像这样的人，将不知道耳朵眼睛最适宜何种声音和色彩，而让自己的心思自由自在地遨游在忘形、忘情的混同境域之中。外物看到了它同一的方面却看不到它因失去而引起差异的一面，因而看到丧失了一只脚就像是失落了土块一样。”

常季说：“他运用自己的智慧来提高自己的道德修养，他运用自己的心智去追求自己的理念。如果达到了忘情、忘形的境界，众多的弟子为什么还聚集在他的身边呢？”孔子回答说：“一个人不能在流动的水面照见自己的身影而是要面向静止的水面，只有静止的事物才能使别的事物也静止下来。各种树木都受命于地，但只有松树、柏树无论冬夏都郁郁青青；每个人都受命于天，但只有虞舜道德品行最为端正。幸而他们都善于端正自己的品行，因而能端正他人的品行。保全本初时的迹象，心怀无所畏惧的胆识；勇士只身一人，也敢称雄于千军万马。一心追逐名利而自我索求的人，尚且能够这样，何况那主宰天地，包藏万物，只不过把躯体当作寓所，把耳目当作外表，掌握了自然赋予的智慧所通解的道理，而精神世界又从不曾有过衰竭的人呢！他定将选择好日子登上最高的境界，人们将紧紧地跟随着他。他还怎么会把聚合众多弟子当成一回事呢！”

原 文 YuanWen

申徒嘉，兀者也，而与郑子产同师于伯昏无人①。子产谓申徒嘉曰："我先出则子止②，子先出则我止。"其明日，又与合堂同席而坐。子产谓申徒嘉曰："我先出则子止，子先出则我止。今我将出，子可以止乎，其③未邪？且子见执政而不违④，子齐执政⑤乎？"申徒嘉曰："先生之门，固有执政焉如此哉⑥？子而说子之执政而后人者也⑦？闻之曰：'鑑明则尘垢不止，止则不明也。久与贤人处则无过。'今子之所取大者⑧，先生也，而犹出言若是，不亦过乎？"子产曰："子即若是矣，犹与尧争善，计子之德不足以自反邪⑨？"申徒嘉曰："自状其过以不当亡者众⑩，不状其过以不当存者寡。知不可奈何而安之若命，唯有德者能之。游于羿之彀中⑪，中央者，中地⑫也，然而不中者，命也。人以其全足笑吾不全足者多矣，我怫然⑬而怒；而适先生之所⑭，则废然而反⑮。不知先生之洗我以善⑯邪？吾与夫子⑰游十九年矣，而未尝知吾兀者也。今子与我游于形骸之内⑱，而子索我于形骸之外⑲，不亦过乎？"子产蹴然改容更貌曰⑳："子无乃称㉑！"

注 释 Zhushi

① 郑子产：郑国的大政治家。伯昏无人：假托的人名。

② 止：停止，留下。

③ 其：还是、抑或。

④ 执政：子产曾是郑国执政大臣，故有此说。违：回避。申徒嘉为一兀者，地位低下而子产位尊，不愿与之同步，故有先出、留止的一段话。

⑤ 齐：跟……一样，向……看齐；“齐执政”意思是跟执政大臣齐一，即把自己看得跟执政大臣一样。

⑥ 固：岂。全句大意是，哪有执掌政务的大臣如此拜师从学的呢？言外之意是，伯昏无人门下没有贵贱之分，要分贵贱就不会到这里来拜师从学。

⑦ 说（yuè），通作“悦”，喜悦。后人：以别人为后，含有瞧不起别人的意思。

⑧ 大者：这里指广博精深的见识。

⑨ 计：计算，估量。反：反省。这句语意有所隐含，好像是说受过刑断还不足以使自己有所反省吗？

⑩ 状：陈述，含有为自己的过失辩解的意思。其过：自己的过失。以：认为。亡：丢失、失去，这里指使身体残缺，与下句“存”字表示保全的含义相对应。

⑪ 羿：古代神话传说中的善射者。彀（gòu）：张满弓弩。“彀中”指弓箭射程范围之内，喻指人们生活的社会范围。

⑫ 中（zhòng）地：最易射中的地方。

⑬ 怫（bó）然：勃然，发怒时盛气的样子。

⑭ 先生：指伯昏无人。所：寓所。

⑮ 废然：怒气消失的样子。反：返，指回复到原有的正常神态。

⑯ 洗我以善：即以善洗我，用善道来教诲我。

⑰ 夫子：指伯昏无人。

⑱ 形骸之内：指人的精神世界。“游于形骸之内”即以德相交，精神世界相通。

⑲ 形骸之外：指人的外在形体。索：要求。

⑳ 蹴（cù）然：恭敬不安的样子。更：更改。

㉑ 乃：仍。称：说。

译 文 Yiwen

申徒嘉是个被砍掉了一只脚的人，跟郑国的子产同拜伯昏无人为师。子产对申徒嘉说：“我先出去那么你就留下，你先出去那么我就留下。”到了第二天，子产和申徒嘉同在一个屋子里、一条席子上坐着。子产又对申徒嘉说："我先出去那么你就留下，你先出去那么我就留下。现在我将出去，你可以留下吗，抑或是不留下呢？你见了我这执掌政务的大官却不知道回避，你把自己看得跟我执政的大臣一样吗？"

申徒嘉说："伯昏无人先生的门下，哪有执政大臣拜师从学的呢？你津津乐道执政大臣的地位把别人都不放在眼里吗？我听说这样的话：'镜子明亮尘垢就没有停留在上面，尘垢落在上面镜子也就不会明亮。长久地跟贤人相处便会没有过错。'你拜师从学追求广博精深的见识，正是先生所倡导的大道。而你竟说出这样的话，不是完全错了吗！"

子产说："你已经如此形残体缺，还要跟唐尧争比善心，你估量你的德行，受过断足之刑还不足以使你有所反省吗？"申徒嘉说："自个儿陈述或辩解自己的过错，认为自己不应当形残体缺的人很多；不陈述或辩解自己的过错，认为自己不应当形整体全的人很少。懂得事物之无可奈何，安于自己的境遇并视如命运安排的那样，只有有德的人才能做到这一点。一个人来到世上就像来到善射的后羿张弓搭箭的射程之内，中央的地方也就是最容易中靶的地方，然而却没有射中，这就是命。用完整的双脚笑话我残缺不全的人很多，我常常脸色陡变怒气填胸；可是只要来到伯昏无人先生的寓所，我便怒气消失回到正常的神态。真不知道先生用什么善道来洗刷我的呢？我跟随先生十九年了，可是先生从不曾感到我是个断了脚的人。如今你跟我心灵相通、以德相交，而你却用外在的形体来要求我，这不又完全错了吗？"子产听了申徒嘉一席话深感惭愧，脸色顿改而恭敬地说："你不要再说下去了！"

原 文 YuanWen

鲁有兀者叔山无趾，踵[①]见仲尼。仲尼曰："子不谨，前既犯患若是矣。虽今来，何及[②]矣！"无趾曰："吾唯不知务[③]而轻用吾身，吾是以亡足。今吾来也，犹有尊足者[④]存，吾是以务[⑤]全之也。夫天无[⑥]不覆，地无不载，吾以夫子为天地，安知夫子之犹若是也！"孔子曰："丘则陋[⑦]矣。夫子胡不入乎，请讲以所闻！"无趾出。孔子曰："弟子勉之！夫无趾，兀者也，犹务学以复补前行之恶，而况全德[⑧]之人乎！"

无趾语老聃曰："孔丘之于至人，其未邪？彼何宾宾以学子为[⑨]？彼且以蕲以諔诡幻怪之名闻[⑩]，不知至人之以是为己桎梏[⑪]邪？"老聃曰："胡不直使彼以死生为一条[⑫]，以可不可为一贯[⑬]者，解其桎梏，其可乎？"无趾曰："天刑之[⑭]，安可解！"

注 释 Zhushi

① 踵：脚后跟，这里指用脚后跟走路。叔山无趾被刑断脚趾，所以只能用脚后跟来走路。

② 何及：怎么赶得上。言外之意怎么能够补救。

③ 不知务：犹言不通晓事理。

④ 尊足：即尊于足，"尊足者"意思是比脚更尊贵的东西，这里指道德修养。

⑤ 务：务求，努力做到。

⑥ 无：莫名，没有什么。

⑦ 陋：浅薄固陋。

⑧ 全德：保全了道德修养。一说"全德"即全体，指形体没有残缺。从上下文

意看，后说更合理些。

⑨ 宾宾：频频。学子：即学于子，向老聃请教。

⑩ 蕲（qí）：求。諔（chù）诡：奇异。“諔诡幻怪”四字词义相近，都含有奇特、怪异、虚妄的意思。

⑪ 桎梏：古代的一种刑具，犹如今言脚镣手铐，喻指束缚自己的工具。

⑫ 一条：一致，一样的。

⑬ 贯：通。“一贯”，即齐一相通。

⑭ 天：自然。刑：这里讲作“惩罚”的意思。

译 文 Yiwen

鲁国有个被砍去脚趾的人，名叫叔山无趾，靠脚后跟走路去拜见孔子。孔子对他说：“你极不谨慎，早先犯了过错才留下如此的后果。虽然今天你来到了我这里，可是怎么能够追回以往呢！”叔山无趾说：“我只因不识事理而轻率作践自身，所以才失掉了两只脚趾。如今我来到你这里，还保有比双脚更为可贵的道德修养，所以我想竭力保全它。苍天没有什么不覆盖，大地没有什么不托载，我把先生看作天地，哪知先生竟是这样的人！”孔子说：“我孔丘实在浅薄。先生怎么不进来呢，请把你所知晓的道理讲一讲。”叔山无趾走了。孔子对他的弟子说：“你们要努力啊。叔山无趾是一个被砍掉脚趾的人，他还努力进学来补救先前做过的错事，何况道德品行乃至身形体态都没有什么缺欠的人呢！”

叔山无趾对老子说：“孔子作为一个道德修养至尚的人，恐怕还未能达到吧？他为什么不停地来向你求教呢？他还在祈求奇异虚妄的名声能传扬于外，难道不懂得道德修养至尚的人总是把这一切看作是束缚自己的枷锁吗？”老子说：“怎么不径直让他把生和死看成一样，把可以与不可以看作是齐一的，从而解脱他的枷锁，这样恐怕也就可以了吧？”叔山无趾说：“这是上天加给他的处罚，哪里可以解脱！”

原 文 YuanWen

鲁哀公问于仲尼曰：“卫有恶人[①]焉，曰哀骀它[②]。丈夫[③]与之处者，思而不能去[④]也。妇人见之，请于父母曰‘与为人妻，宁为夫子妾’者，十数而未止也。未尝有闻其唱[⑤]者也，常和人而已矣。无君人之位以济乎人之死[⑥]，无聚禄以望人之腹[⑦]。又以恶骇[⑧]天下，和而不唱，知不出乎四域[⑨]，且而雌雄合乎前[⑩]，是必有异乎人者也。寡人召而观之，果以恶骇天下。与寡人处，不至以月数，而寡人有意乎其为人也[⑪]；不至乎期年[⑫]，而寡人信之。国无宰，寡人传国焉。闷然[⑬]而后应。氾而若辞[⑭]，寡人丑乎，卒授之国。无几何也，去寡人而行，寡人卹焉若有亡也[⑮]，若无与乐是国也。是何人者也？”

仲尼曰：“丘也尝使[⑯]于楚矣，适见豚子食于其死母者[⑰]，少焉眴若皆弃之而走[⑱]。不见己焉尔，不得类焉尔。所爱其母者，非爱其形也，爱使[⑲]其形者也。战而死者，其人之葬也不以翣资[⑳]；刖者之屦[㉑]，无为爱之；皆无其本矣。为天子之诸御[㉒]，不爪翦[㉓]，不穿耳；取[㉔]妻者止于外，不得复使。形全犹足以为尔[㉕]，而况全德之人乎！今哀骀它未言而信，无功而亲，使人授己国，唯恐其不受也，是必才全而德不形[㉖]者也。”

哀公曰："何谓才全？"仲尼曰："死生存亡，穷达贫富，贤与不肖毁誉，饥渴寒暑，是事之变，命之行[27]也；日夜相代[28]乎前，而知不能规[29]乎其始者也。故不足以滑和[30]，不可入于灵府[31]。使之和豫[32]，通而不失于兑[33]，使日夜无郤[34]而与物为春，是接而生时于心者也[35]。是之谓才全。""何谓德不形？"曰："平者，水停之盛也。其可以为法[36]也，内保之而外不荡[37]也。德者，成和之脩[38]也。德不形者，物不能离也。"

哀公异日以告闵子[39]曰："始也吾以南面而君天下，执民之纪[40]而忧其死，吾自以为至通矣。今吾闻至人之言，恐吾无其实，轻用吾身而亡其国。吾与孔丘，非君臣也，德友而已矣。"

注释 Zhushi

① 恶人：丑陋的人。

② 哀骀（tái）它（tuō）：虚构的人名。

③ 丈夫：古代成年男子的通称。

④ 去：离开。

⑤ 唱：唱导，前导；跟下句的"和"相对应。

⑥ 君人之位：即统治别人的地位。济：救助。

⑦ 禄：俸禄，这里泛指财物。望：月儿满圆；这里引申用其饱满之义，"望人之腹"即使人人都能吃饱。

⑧ 骇：惊扰。

⑨ 四域：四周的邻界。

⑩ 雌雄：这里泛指妇女和男人。合：亲近。

⑪ 意：猜想，意料。“有意乎其为人”意思是，对于他的为人有了了解。
⑫ 期（jī）年：一周年。
⑬ 闷然：神情淡漠的样子。
⑭ 氾：这里形容心不在焉，有口无心的样子。辞：推却。
⑮ 卹（xù）：“恤”字的异体，忧虑。亡：失。
⑯ 使：出使。一说“出使”即出游。
⑰ 豚（tún）：小猪。食：这里指吮吸乳汁。
⑱ 少焉：一会儿。眴（shùn）若：惊惶的样子。走：跑。
⑲ 使：主使，支配。
⑳ 翣（shà）：古代出殡时棺木上的饰物，形同羽扇。资：送。
㉑ 刖（yuè）：断足的刑罚。屦（jù）：用麻、葛等制成的单底鞋，这里泛指鞋子。连续两句都是比喻：战死之人埋葬沙场无须棺木，当然也就用不着棺饰，砍断了脚的人无须穿鞋，当然也就用不着鞋子，意在说明失去了根本外在的东西也就同时失去了可爱的价值。
㉒ 诸御：宫中御女，即宫女。
㉓ 翦：“剪”字的异体。联系下一句，不修指甲，不穿耳眼，意在说明不加修饰以显本质。
㉔ 取：通作“娶”。旧注男女婚娶之后便不再前往宫中服役。
㉕ 尔：如此。
㉖ 形：表露在外的意思。
㉗ 命之行：自然的运行，指非人为造成的情况变化。
㉘ 相代：相互更替。
㉙ 规：窥。
㉚ 滑（gǔ）：通作“汩”，乱的意思。和：谐和，均衡。
㉛ 灵府：心灵。
㉜ 豫：安适。
㉝ 兑（yuè）：悦，欢乐。

㉞ 郤（xì）：通作“隙”，间隙的意思。
㉟ 接：接触外物。时：顺时，顺应四时而作的意思。
㊱ 法：仿效，借鉴。
㊲ 荡：动。
㊳ 成和之脩：事得以成功、物得以顺和的极高修养。“脩”同“修”。
㊴ 闵子：人名，孔子的弟子。
㊵ 纪：纲纪。

译 文 Yiwen

鲁哀公向孔子问道：“卫国有个面貌十分丑陋的人，名叫哀骀它。男人跟他相处，常常想念他而舍不得离去。女人见到他便向父母提出请求，说‘与其做别人的妻子，不如做哀骀它先生的妾’，这样的人已经十多个了而且还在增加。从不曾听说哀骀它倡导什么，只是常常附和别人罢了。他没有居于统治者的地位而拯救他人于临近败亡的境地，他没有聚敛大量的财物而使他人吃饱肚子。他面貌丑陋使天下人吃惊，又总是附和他人而从没首倡什么，他的才智也超不出他所生活的四境，不过接触过他的人无论是男是女都乐于亲近他。这样的人一定有什么不同于常人的地方。我把他叫来看了看，果真相貌丑陋足以惊骇天下人。跟我相处不到一个月，我便对他的为人有了了解；不到一年时间，我就十分信任他。国家没有主持政务的官员，我便把国事委托给他。他神情淡漠地回答，漫不经心又好像在加以推辞。我深感羞愧，终于把国事交给了他。没过多久，他就离开我走掉了，我内心忧虑像丢失了什么，好像整个国家没有谁可以跟我一道共同欢乐似的。这究竟是什么样的人呢？”

孔子说："我孔丘也曾出使到楚国，正巧看见一群小猪在吮吸刚死去的母猪的乳汁，不一会又惊惶地丢弃母猪逃跑了。因为不知道自己的同类已经死去，母猪不能像先前活着时那样哺育它们。小猪爱它们的母亲，不是爱它的形体，而是爱支配那个形体的精神。战死沙场的人，他们埋葬时无须用棺木上的饰物来送葬，砍掉了脚的人对于原来穿过的鞋子，没有理由再去爱惜它，这都是因为失去了根本。做天子的御女，不剪指甲不穿耳眼；婚娶之人只在宫外办事，不会再到宫中服役。为保全形体尚且能够做到这一点，何况德行完美而高尚的人呢！如今哀骀它他不说话也能取信于人，没有功绩也能赢得亲近，让人乐意授给他国事，还唯恐他不接受，这一定是才智完备而德不外露的人。"

鲁哀公问："什么叫作才智完备呢？"孔子说："死、生、存、亡，穷、达、贫、富，贤能与不肖，诋毁与称誉，饥、渴、寒、暑，这些都是事物的变化，都是自然规律的运行；日夜更替于我们的面前，而人的智慧却不能窥见它们的起始。因此它们都不足以搅乱本性的谐和，也不足以侵扰人们的心灵。要使心灵平和安适，通畅而不失怡悦，要使心境日夜不间断地跟随万物融会在春天般的生气里，这样便会接触外物而萌生顺应四时的感情。这就叫作才智完备。"鲁哀公又问："什么叫作德不外露呢？"孔子说："均平是水留止时的最佳状态。它可以作为取而效法的准绳，内心里充满涵养而外表毫无所动。所谓德，就是事得以成功、物得以顺和的最高修养。德不外露，外物自然就不能离开他了。"

有一天鲁哀公把孔子这番话告诉闵子，说："起初我认为坐朝当政统治天下，掌握国家的纲纪而忧心人民的死活，便自以为是最通达的了，如今

原 文 YuanWen

惠子[1]谓庄子曰：“人故无情乎？”庄子曰：“然。”惠子曰：“人而无情，何以谓之人？”庄子曰：“道[2]与之貌，天与之形，恶得不谓之人？”惠子曰：“既谓之人，恶得无情？”庄子曰：“是非吾所谓情也。吾所谓无情者，言人之不以好恶内伤其身，常因自然而不益生也。”惠子曰：“不益生，何以有其身？”庄子曰：“道与之貌，天与之形，无以好恶内伤其身。今子外乎子之神，劳乎子之精，倚树而吟，据槁梧而瞑[3]，天选[4]子之形，子以坚白[5]鸣！”

注 释 Zhushi

① 惠子：即惠施，名家的代表人物。

② 道：中国古代哲学中的“道”，含义十分复杂，这里与“天”对应，“天”指事物的自然，“道”可能是指事物的本原，即宇宙万物的本体。

③ 据：靠，凭依。槁梧：指用梧桐木做成的几案。瞑：通作“眠”，假寐的意思。

④ 天选：自然的授予。

⑤ 坚白：“坚白”论是古代名家的著名言论，它以石为喻，指石之白色与石之坚质都独立于“石”。庄子对于这一类辩论极不赞赏，斥之为无稽之谈。

译 文 Yiwen

惠子对庄子说：“人原本就是没有情的吗？”庄子说：“是的。”惠子说：“一个人假若没有情，为什么还能称作人呢？”庄子说：“道赋予人容貌，天赋予人形体，怎么能不称作人呢？”惠子说：“既然已经称作了人，又怎么能够没有情？”庄子回答说：“这并不是我所说的情呀。我所说的无情，是说人不因好恶，以致伤害自身的本性，常常顺任自然而不随意增添些什么。”

惠子说："不添加什么，靠什么来保有自己的身体呢？"庄子回答说："道赋予人容貌，天赋予人形体，可不要因外在的好恶而致伤害了自己的本性。如今你外露你的心神，耗费你的精力，靠着树干吟咏，凭依几案闭目假寐。自然授予了你的形体，你却以'坚''白'的诡辩而自鸣得意！"

大宗师

文章题解 Wenzhang Tijie

“宗”指敬仰、尊崇，“大宗师”意思是最值得敬仰、尊崇的老师。谁够得上称作这样的老师呢？那就是“道”。庄子认为自然和人是浑一的，人的生死变化是没有什么区别的，因而他主张清心寂神，离形去智，忘却生死，顺应自然。这就叫做“道”。

全文可以分为九个部分。第一部分至“是之谓真人”，虚拟一理想中的“真人”，“真人”能做到“天”、“人”不分，因而“真人”能做到“无人”、“无我”。“真人”的精神境界就是“道”的形象化。第二部分至“而比于列星”，从描写“真人”逐步转为述说“道”，只有“真人”才能体察“道”，而“道”是“无为无形”而又永存的，因而体察“道”就必须“无人”、“无我”。这两段是全文论述的主体。第三部分至“参寥闻之疑始”，讨论体察“道”的方法和进程。第四部分至“蘧然觉”，说明人的死生存亡实为一体，无法逃避，因而应“安时而处顺”。第五部分至“天之小人也”，进一步讨论人的死和生，指出死和生都是“气”的变化，是自然的现象，因而应“相忘以生，无所终穷”，只有这样精神才会超脱物外。第六部分至“乃入于寥天一”，说明人的躯体有了变化而人的精神却不会死，安于自然、忘却死亡，便进入“道”的境界而与自然合成一体。第七部分至“此所游已”，批判儒家的仁义和是非观念，指出儒家的观念是对人的精神摧残。第八部分至“丘也请从而后也”，论述“离形去知，同于大通”是进入“道”的境界的方法。余下为第九部分，说明一切都由“命”所安排，即非人为之力所安排。

原文 YuanWen

知天之所为，知人之所为者，至矣。知天之所为者，天而生也；知人之所为者，以其知之所知以养其知之所不知，终其天年而不中道夭者：是知之盛也。虽然，有患。夫知有所待而后当[1]，其所待者特[2]未定也。庸讵知吾所谓天之非人乎？所谓人之非天乎？

且有真人而后有真知。何谓真人？古之真人不逆[3]寡，不雄成[4]，不谟士[5]。若然者，过而弗悔，当而不自得也[6]。若然者，登高不慄，入水不濡[7]，入火不热。是知之能登假[8]于道者也若此。古之真人，其寝不梦，其觉无忧，其食不甘，其息深深。真人之息以踵[9]，众人之息以喉。屈服者，其嗌言若哇[10]。其耆[11]欲深者，其天机[12]浅。古之真人，不知说生，不知恶死；其出不䜣[13]，其入不距[14]；翛然[15]而往，翛然而来而已矣。不忘其所始，不求其所终；受而喜之，忘而复之，是之谓不以心捐[16]道，不以人助天。是之谓真人。若然者，其心志[17]，其容寂，其颡頯[18]；凄然似秋，煖[19]然似春，喜怒通四时，与物有宜而莫知其极。

故圣人之用兵也[20]，亡国而不失人心；利泽[21]施乎万世，不为爱人。故乐通物，非圣人也；有亲[22]，非仁也；天时[23]，非贤也；利害不通，非君子也；行名失己[24]，非士也；亡身不真，非役人也。若狐不偕、务光、伯夷、叔齐、箕子、胥余、纪他、申徒狄[25]，是役人之役，适人之适，而不自适其适者也。

古之真人，其状義而不朋[26]，若不足而不承；与乎其觚而不坚也[27]，张乎其虚而不华也[28]；邴邴乎[29]其似喜乎，崔乎[30]其不得已乎！滀乎[31]进我色也，与乎止我德也[32]；厉乎其似世乎[33]！謷乎其未可制也[34]；连乎[35]其似好闭也，悗乎[36]忘其言也。以刑为体[37]，以礼为翼，以知为时[38]，以德为循。以刑为体者，绰乎[39]其杀也；以礼为翼者，所以行于世也；以知为时者，不得已于事也；以德为循者，言其与有足者至于丘也，而人真以为勤行者也。故其好之也一，其弗好之也一。其一也一，其不一也一。其一与天为徒[40]，其不一与人为徒。天与人不相胜也，是之谓真人。

注 释 Zhushi

① 有所待：有所依凭。庄子认为人们的认识和了解都离不开认识、了解的对象。当：恰当、正确。

② 特：但，不过。

③ 逆：针对，对付。

④ 雄成：雄视自己的成绩，即凭借自己取得的成绩而傲视他人、凌驾他人。

⑤ 谟：图谋、算计。士：通作“事”。一说“士”当就字面讲，“谟士”则讲作采用不正当手段谋取士人的信赖。

⑥ 当：恰巧、正好。自得：自以为得意。

⑦ 濡（rú）：沾湿。

⑧ 假：通作“格”，至、达到的意思。

⑨ 踵：脚跟。“息以踵”言气息深沉，发自根本。

⑩ 嗌（ài）：咽喉闭塞。“嗌言”是说言语吞吐像堵在喉头似的。哇（wā）：象声词，形容声音靡曼。

⑪ 耆：嗜好；这个意思后代写作“嗜”。

⑫ 天机：天生的神智。

⑬“出”这里指出生于世，与下句“入”指死亡相对为文。以下的“往”和“来”也是指人的死和生。

䜣：“欣”字的异体，高兴的意思。

⑭ 距：通作“拒”，拒绝、回避的意思。

⑮ 翛（xiāo）然：无拘束，自由自在的样子。

⑯ 捐：当为“损”字之讹，损害的意思。

⑰ 志：疑为“忘”字之误；“心忘”意思是心里空灵，忘掉自己的周围。

⑱ 颡（sǎng）：额头。頯（qiú）：端严。

⑲ 煖（xuān）：同“煊”，温暖的意思。

⑳ 本自然段（从“故圣人之用兵也”至“而不自适其适者也”），闻一多先生认为文意与上下不能一贯而自成片断，疑系错简。以备参考。

㉑ 利泽：利益和恩泽。

㉒ 亲：这里指偏爱。庄子主张至人无亲，任理自存，因而有了偏爱就算不上是“仁”。

㉓ 天时：选择时机。

㉔ 行名：做事为取名声。一说“行”读xìng，是品行的意思，“行名失己”即品行和名声不符而失去本真。

㉕ 狐不偕、务光、伯夷、叔齐、箕子、胥余、纪他、申徒狄：皆人名，传说中远古时代（唐尧、夏禹、商汤时代）的贤人，有的为不愿接受天下，有的为忠谏不被采纳，或投水而死，或饿死，或被杀害。

㉖ 状：外部的表情和神态。義（é）：通作“峨”（亦写作“峩”），高的意思。朋（bēng）：通作“崩”，崩坏的意思。“義而不朋”意思是嵬峨而不矜持。一说“義”（yì）讲作“宜”，指与人相处随物而宜；“朋”讲作“朋党”，指与人交往却不结成朋党。姑备参考。

㉗ 与乎：容与，态度自然安闲的样子。觚（gū）：特立超群。坚：这里是固执的意思。

㉘ 张乎：广大的样子，这里指内心宽宏、开阔。华：浮华。

㉙ 邴（bǐng）邴乎：欣喜的样子。有的本子只有一个“邴”字。
㉚ 崔乎：开始行动的样子。
㉛ 滀（chù）乎：本指水之停聚貌，这里引申为形容人的容颜和悦而有光泽。
㉜ 与：交往，待人接物。止：归；“止我德”是说德性高雅宽和让人归依。
㉝ 厉：疑为“广”字之误，言精神博大好像包容了世界。一说“世”乃“泰”字之通假，大的意思。
㉞ 警（áo）乎：高放自得的样子。制：限止。
㉟ 连乎：绵邈深远的样子。
㊱ 悗（mèn）乎：心不在焉的样子。
㊲ “以刑为体”至“而人真以为勤行者也”十三句，所述内容不似庄子的思想和主张，跟上下文内容也不连贯，嵌在这里前后很不好串通，有待进一步校勘、考订。
㊳ 为时：等待时机。
㊴ 绰乎：宽大的样子。
㊵ 徒：徒属，这里是同类的意思。

译文 Yiwen

知道自然的作为，并且了解人的作为，这就达到了认识的极点。知道自然的作为，是懂得事物出于自然；了解人的作为，是用他智慧所通晓的知识哺育、熏陶他智慧所未能通晓的知识，直至自然死亡而不中途夭折，这恐怕就是认识的最高境界了。虽然这样，还是存在忧患。人们的知识一定要有所依凭方才能认定是否恰当，而认识的对象却是不稳定的。怎么知道我所说的本于自然的东西不是出于人为呢，怎么知道我所说的人为的东西又不是出于自然呢？

况且有了“真人”方才有真知。什么叫作“真人”呢？古时候的“真人”，不倚众凌寡，不自恃成功雄视他人，也不图谋琐事。像这样的人，错过了时机不后悔，赶上了机遇不得意。像这样的人，登上高处不颤慄，下到水里不会沾湿，进入火中不觉灼热。这只有智慧能通达大道境界的人方才能像这样。古时候的“真人”，他睡觉时不做梦，他醒来时不忧愁，他吃东西时不求甘美，他呼吸时气息深沉。“真人”呼吸凭借的是着地的脚根，而一般人呼吸则靠的只是喉咙。被人屈服时，言语在喉前吞吐就像哇哇地曼语。那些嗜好和欲望太深的人，他们天生的智慧也就很浅。古时候的“真人”，不懂得喜悦生存，也不懂得厌恶死亡；出生不欣喜，入死不推辞；无拘无束地就走了，自由自在地又来了罢了。不忘记自己从哪儿来，也不寻求自己往哪儿去，承受什么际遇都欢欢喜喜，忘掉死生像是回到了自己的本然，这就叫做不用心智去损害大道，也不用人为的因素去帮助自然。这就叫“真人”。像这样的人，他的内心忘掉了周围的一切，他的容颜淡漠安闲，他的面额质朴端严；冷肃得像秋天，温暖得像春天，高兴或愤怒跟四时更替一样自然无饰，和外界事物合宜相称而没有谁能探测到他精神世界的真谛。

所以古代圣人使用武力，灭掉敌国却不失掉敌国的民心；利益和恩泽广施于万世，却不是为了偏爱什么人。乐于交往取悦外物的人，不是圣人；有偏爱就算不上是“仁”；伺机行事，不是贤人；不能看到利害的相通和相辅，算不上是君子；办事求名而失掉自身的本性，不是有识之士；丧失身躯却与自己的真性不符，不是能役使世人的人。像狐不偕、务光、伯夷、叔齐、箕子、胥余、纪他、申徒狄，这样的人都是被役使世人的人所役使，都是被安适世人的人所安适，而不是能使自己得到安适的人。

古时候的“真人”，神情巍峨而不矜持，好像不足却又无所承受；态度安闲自然、特立超群而不执着顽固，襟怀宽阔虚空而不浮华；怡然欣喜像是格外地高兴，一举一动又像是出自不得已！容颜和悦令人喜欢接近，与人交往德行宽和，让人乐于归依；气度博大像是宽广的世界！高放自得从不受什么限制，绵邈深远好像喜欢封闭自己，心不在焉的样子又好像忘记了要说的话。把刑律当作主体，把礼仪当作羽翼，用已掌握的知识去等待时机，用道德来遵循规律。把刑律当作主体的人，那么杀了人也是宽厚仁慈的；把礼仪当作羽翼的人，用礼仪的教诲在世上施行；用已掌握的知识去等待时机的人，是因为对各种事情出于不得已；用道德来遵循规律，就像是说大凡有脚的人就能够登上山丘，而人们却真以为是勤于行走的人。所以说人们所喜好的是浑然为一的，人们不喜好的也是浑然为一的。那些同一的东西是浑一的，那些不同一的东西也是浑一的。那些同一的东西跟自然同类，那些不同一的东西跟人同类。自然与人不可能相互对立而相互超越，具有这种认识的人就叫作“真人”。

原 文 YuanWen

死生，命[1]也，其有夜旦之常[2]，天也。人之有所不得与[3]，皆物之情也。彼特以天为父，而身犹爱之，而况其卓[4]乎！人特以有君为愈乎己，而身犹死之[5]，而况其真乎[6]！

泉涸，鱼相与处于陆，相呴[7]以湿，相濡以沫[8]，不如相忘于江湖。与其誉尧而非桀也，不如两忘而化其道[9]。夫大块[10]载我以形，劳我以生，佚[11]我以老，息我以死。故善吾生者，乃所以善死也。

夫藏舟于壑，藏山[12]于泽，谓之固矣。然而夜半有力者负之而走，昧者[13]不知也。藏小大有宜[14]，犹有所遯[15]。若夫藏天下于天下而不得所遯，是恒物之大情也。特犯[16]人之形而犹喜之，若人之形者，万化而未始有极也，其为乐可胜计邪？故圣人将游于物之所不得遯而皆存。善妖[17]善老，善始善终，人犹效之，又况万物之所系而一化之所待乎[18]！

夫道，有情有信[19]，无为无形；可传[20]而不可受，可得[21]而不可见；自本自根，未有天地，自古以固存；神鬼神帝[22]，生天生地；在太极之先[23]而不为高，在六极[24]之下而不为深，先天地生而不为久，长于上古而不为老。狶韦氏[25]得之，以挈[26]天地；伏戏氏[27]得之，以袭气母[28]；维斗[29]得之，终古不忒[30]；日月得之，终古不息；堪坏[31]得之，以袭昆仑；冯夷[32]得之，以游大川；肩吾[33]得之，以处大山；黄帝[34]

得之，以登云天；颛顼[35]得之，以处玄宫；禺强[36]得之，立乎北极；西王母[37]得之，坐乎少广。莫知其始，莫知其终。彭祖得之，上及有虞，下及五伯[38]；傅说[39]得之，以相武丁，奄[40]有天下，乘东维[41]，骑箕尾[42]，而比于列星。

注释 Zhushi

① 命：这里指不可避免的、非人为的作用。
② 常：常规，恒久不易或变化的规律。
③ 与：参与，干预。
④ 卓：特立，高超；这里实指“道”。
⑤ 死之：这里讲作“为之而死”，即为国君而献身。
⑥ 真：这里指的是“道”。一说即上段之“真人”。姑备参考。
⑦ 呴（xū）：张口出气。
⑧ 濡：沾湿的意思。沫：唾沫，即口水。
⑨ 化：这里是熔解、混同的意思。
⑩ 大块：大地；这里可以理解为大自然。
⑪ 佚（yì）：通作“逸”，闲逸的意思。
⑫ 山（shàn）：通作“汕”，捕鱼的用具。旧注就字面讲。
⑬ 昧：通作“寐”，睡着的意思。一说“昧”当如字面讲，昧者，即愚昧的人。
⑭ 藏小大：即“藏小于大”。宜：合适，适宜。
⑮ 遯（dùn）：“遁”字的异体，逃脱、丢失的意思。
⑯ 犯：承受。一说通作“范”，模子的意思。
⑰ 妖：或作“夭”，根据上下文意判断，这里应是少小的意思，与“老”字互文。
⑱ 系：关联、连缀。一：全；“一化”即所有的变化。待：依靠、凭借。“所系”、“所待”这里都是指所谓“道”，庄子认为一切事物、一切变化都离不开“道”，

因而人们应当效法它，“宗”之为“师”。

⑲ 情、信：真实、确凿可信。

⑳ 传：传递、感染、感受的意思。

㉑ 得：这里是体会、领悟的意思。

㉒ 神：这里是引出、产生的意思。

㉓ 太极：派生万物的本原，即宇宙的初始。先：据上下文理和用词对应的情况看，“先”字当作“上”字，这样“太极之上”对应下句“六极之下”，且不与“先天地”一句重复。

㉔ 六极：即六合。

㉕ 狶（xī）韦氏：传说中的远古时代的帝王。

㉖ 挈（qiè）：提挈，含有统领、驾驭的含意。

㉗ 伏戏氏：即伏羲氏，传说中的古代帝王。

㉘ 袭：入。一说讲作“合”。气母：元气之母，即古人心目中宇宙万物初始物质。

㉙ 维斗：北斗星。

㉚ 忒（tè）：差错。

㉛ 堪坏（pēi）：传说中人面兽身的昆仑山神。

㉜ 冯夷：传说中的河神。

㉝ 肩吾：传说中的泰山之神。

㉞ 黄帝：即轩辕氏，传说中的古代帝王，中原各族的始祖。

㉟ 颛顼（zhuānxū）：传说为黄帝之孙，即帝高阳。玄：黑。颛顼又称玄帝，即北方之帝，“玄”为黑色，为北方之色，所以下句说“处玄宫”。

㊱ 禺强：传说中人面鸟身的北海之神。

㊲ 西王母：古代神话中的女神，居于少广山。

㊳ “五伯”，旧指夏伯昆吾、殷伯大彭、豕韦，周伯齐桓、晋文。

㊴ 傅说（yuè）：殷商时代的贤才，辅佐高宗武丁，成为武丁的相。传说傅说死后成了星精，故下句有“乘东维、骑箕尾”之说。

㊵ 奄：覆盖、包括。

㊶ 东维：星名，在箕星、尾星之间。

㊷ 箕、尾：星名，为二十八宿中的两个星座。

译 文 Yiwen

死和生均非人为之力所能安排，犹如黑夜和白天交替那样永恒地变化，完全出于自然。有些事情人是不可能参与和干预的，这都是事物自身变化的实情。人们总是把天看作生命之父，而且终身爱戴它，何况那特立高超的“道”呢！人们还总认为国君是一定超越自己的，而且终身愿为国君效死，又何况应该宗为大师的“道”呢？

泉水干涸了，鱼儿困在陆地上相互依偎，互相大口出气来取得一点湿气，以唾沫相互润湿，不如将过去江湖里的生活彻底忘记。与其赞誉唐尧的圣明而非议夏桀的暴虐，不如把他们都忘掉而融化混同于“道”。大地把我的形体托载，并且用生存来劳苦我，用衰老来闲适我，用死亡来安息我。所以，把我的存在看作好事的，也就因此而可以把我的死亡看作是好事。

将船儿藏在大山沟里，将渔具藏在深水里，可以说是十分牢靠了。然而半夜里有个大力士把它们连同山谷和河泽一块儿背着跑了，睡梦中的人们还一点儿也不知道。将小东西藏在大东西里是适宜的，不过还是会有丢失。假如把天下藏在天下里而不会丢失，这就是事物固有的真实之情。人们只要承受了人的形体便十分欣喜，至于像人的形体的情况，在万千变化中从不曾有过穷尽，那快乐之情难道还能够加以计算吗？所以圣人将生活在各种事物都不会丢失的环境里而与万物共存亡。以少为善以老为善，以始为善以终为善，人们尚且加以效法，又何况那万物所联缀、各种变化所依托的“道”呢！

“道”是真实而又确凿可信的，然而它又是无为和无形的；“道”可以感知却不可以口授，可以领悟却不可以面见；“道”自身就是本、就是根，还未出现天地的远古时代“道”就已经存在；它引出鬼帝，产生天地；它在太极之上却并不算高，它在六极之下不算深，它先于天地存在还不算久，它长于上古还不算老。狶韦氏得到它，用来统驭天地；伏羲氏得到它，用来调和元气；北斗星得到它，永远不会改变方位；太阳和月亮得到它，永远不停息地运行；堪坏得到它，用来入主昆仑山；冯夷得到它，用来巡游大江大河；肩吾得到它，用来驻守泰山；黄帝得到它，用来登上云天；颛顼得到它，用来居处玄宫；禺强得到它，用来立足北极；西王母得到它，用来坐镇少广山。没有人能知道它的开始，也没有人能知道它的终结。彭祖得到它，从远古的有虞时代一直活到五伯时代；傅说得到它，用来辅佐武丁，统辖整个天下，乘驾东维星，骑坐箕宿和尾宿，而永远排列在星神的行列里。

原 文 YuanWen

南伯子葵问乎女偊曰[①]：“子之年长矣，而色若孺子，何也？”曰：“吾闻道矣。”南伯子葵曰：“道可得学邪？”曰：“恶[②]！恶可！子非其人也。夫卜梁倚有圣人之才而无圣人之道[③]，我有圣人之道而无圣人之才，吾欲以教之，庶几其果为圣人乎[⑤]！不然，以圣人之道告圣人之才，亦易矣。吾犹守[④]而告之，参日而后能外天下[⑤]；已外天下矣，吾又守之，七日而后能外物；已外物矣，吾又守之，九日而后能外生；已外生矣，而后能朝彻[⑥]；朝彻，而后能见独[⑦]；见独，而后能无古今；无古今，而后能入于不死不生。杀生者[⑧]不死，生生者不生。

其为物，无不将[9]也，无不迎也；无不毁也，无不成也。其名为撄宁[10]。撄宁也者，撄而后成者也。"

南伯子葵曰："子独恶乎闻之？"曰："闻诸副墨[11]之子，副墨之子闻诸洛诵之孙，洛诵之孙闻之瞻明，瞻明闻之聂许，聂许闻之需役，需役闻之於讴，於讴闻之玄冥，玄冥闻之参寥，参寥闻之疑始。"

注释 Zhushi

① 南伯子葵、女偊（yǔ）：均为人名。旧注曾疑"南伯子葵"即"南郭子綦"。

② 恶（wū）：这里是批驳、否定对方的言辞，义同"不"。

③ 卜梁倚：人名。圣人之才：指明敏的、外用的才质。圣人之道：指虚淡内凝的心境。

④ 守：持守，修守，这里指内心凝寂，善于自持而不容懈怠。

⑤ 参：三。外：遗忘。"外"是相对于"内"的，思想上、精神上既然能凝寂虚空，身外之物，包括天地、死生都好像虚妄而不存在，故有以天下为外，以物为外，以生为外的说法。

⑥ 朝彻："朝"指朝阳，"彻"指明彻，这里用早晨太阳初升时的清新明彻，喻指物我皆忘的凝寂空灵的心境。

⑦ 独：庄子哲学体系中的又一重要概念，指不受任何事物影响，也不对任何事物有所依待。能够独立而无所依待的就只有所谓的"道"，故这句中的"独"实际指的就是"道"。

⑧ 杀：灭除，含有摒弃、忘却之意。"杀生者"与下句"生生者"相对为文，分别指忘却生存和眷恋人世的人。

⑨ 将：送。

⑩ 撄（yīng）：扰乱，"撄宁"意思是不受外界事物的纷扰，保持心境的宁静。这是庄子所倡导的极高的修养境界，能够做到这一点也就得到了"道"，所

以下一句说“撄而后成”。

⑪“副墨”“洛诵”“瞻明”“聂许”“需役”“於讴(wū ōu)”“玄冥”“参寥”“疑始”等，均为假托的寓言人物之名。曾有人就这些人名的用字作过推敲，揣度其间还含有某些特殊的寓意，但均不能确考。大体是，“副墨”指文字，“洛诵”指背诵，“瞻明”指目视明晰，“聂许”指附耳私语，“需役”指勤行不怠，“於讴”指吟咏领会，“玄冥”指深远虚寂，“参寥”指高旷寥远，“疑始”指迷茫而无所本。

译 文 Yiwen

南伯子葵向女偊问道：“你的岁数已经很大了，可是你的容颜却像孩童，这是什么缘故呢？”女偊回答：“我得‘道’了。”南伯子葵说：“‘道’可以学习吗？”女偊回答说：“不！怎么可以呢！你不是可以学习‘道’的人。卜梁倚有圣人明敏的才气却没有圣人虚淡的心境，我有圣人虚淡的心境却没有圣人明敏的才气，我想用虚淡的心境来教导他，恐怕他果真能成为圣人哩！然而却不是这样，把圣人虚淡的心境传告具有圣人才气的人，应是很容易的。我还是持守着并告诉他，三天之后便能遗忘天下，既已遗忘天下，我又凝寂持守，七天之后能遗忘万物；既已遗忘外物，我又凝寂持守，九天之后便能遗忘自身的存在；既已遗忘存在的生命，而后心境便能如朝阳一般清新明彻；能够心境如朝阳般清新明彻，而后就能够感受那绝无所待的‘道’了；既已感受了‘道’，而后就能超越古今的时限；既已能够超越古今的时限，而后便进入无所谓生、无所谓死的境界。摒除了生也就没有死，留恋于生也就不存在生。作为事物，‘道’无不有所送，也无不有所迎；无不有所毁，也无不有所成，这就叫作‘撄宁’。撄宁，意思就是不受外界事物的纷扰，而后保持心境的宁静。”

南伯子葵又问：“你偏偏是怎么得‘道’的呢？”女偊又回答说：“我从副墨（文字）的儿子那里听到的，副墨的儿子从洛诵（背诵）的孙子那里听到的，洛诵的孙子从瞻明（目视明晰）那里听到的，瞻明从聂许（附耳私语）那里听到的，聂许从需役（勤行不怠）那里听到的，需役从於讴（吟咏领会）那里听到的，於讴从玄冥（深远虚寂）那里听到的，玄冥从参寥（高旷寥远）那里听到的，参寥从疑始（迷茫而无所本）那里听到的。”

原 文 YuanWen

子祀、子舆、子犁、子来四人相与语曰[①]：“孰能以无为首，以生为脊，以死为尻[②]，孰知死生存亡之一体者，吾与之友矣。”四人相视而笑，莫逆于心[③]，遂相与为友。

俄而子舆有病，子祀往问之[④]。曰：“伟哉夫造物者，将以予为此拘拘[⑤]也！曲偻发背[⑥]，上有五管[⑦]，颐隐于齐[⑧]，肩高于顶，句赘指天[⑨]。”阴阳之气有沴[⑩]，其心闲而无事，跰𨇤而鑑于井[⑪]，曰：“嗟乎！夫造物者又将以予为此拘拘也！”

子祀曰：“女恶[⑫]之乎？”曰：“亡[⑬]，予何恶！浸假[⑭]而化予之左臂以为鸡，予因以求时夜[⑮]；浸假而化予之右臂以为弹，予因以求鸮炙[⑯]。浸假而化予之尻以为轮，以神为马，予因以乘之，岂更驾[⑰]哉！且夫得[⑱]者，时[⑲]也，失者，顺[⑳]也；安时而处顺，哀乐不能入也。此古之所谓县解[㉑]也，而不能自解者，物有结之。且夫物不胜天久矣，吾又何恶焉？”

俄而子来有病，喘喘然[22]将死，其妻子环而泣之[23]。子犁往问之，曰：“叱[24]！避！无怛化[25]！”倚其户与之语曰：“伟哉造化！又将奚以汝为[26]，将奚以汝适？以汝为鼠肝乎？以汝为虫臂乎？”

子来曰：“父母于子，东西南北，唯命之从。阴阳[27]于人，不翅[28]于父母；彼近吾死而我不听，我则悍矣，彼何罪焉！夫大块载我以形，劳我以生，佚我以老，息我以死。故善吾生者，乃所以善吾死也。今之大冶铸金[29]，金踊跃曰‘我且必为镆铘[30]’，大冶必以为不祥[31]之金。今一犯[32]人之形，而曰‘人耳人耳’，夫造化者必以为不祥之人。今一以天地为大炉，以造化为大冶，恶乎往而不可哉！”成然寐[33]，蘧然觉[34]。

注释 Zhushi

① 子祀、子舆、子犁、子来：寓言故事中假托虚构的人名。
② 尻（kāo）：脊骨最下端，也指臀部。
③ 莫逆于心：内心相契，心照不宣。
④ 问：拜访、问候。
⑤ 拘拘：屈曲不伸的样子。
⑥ 曲偻（lóu）：弯腰。发背：背骨外露。
⑦ 五管：五脏的穴口。
⑧ 颐（yí）：下巴。齐：肚脐，这个意思后代写作“脐”。
⑨ 句（gōu）赘：颈椎隆起状如赘瘤。
⑩ 沴（lì）：阳阳之气不和而生出的灾害。

⑪ 跰𨇤（pián xiān）：蹒跚，行步倾倒不稳的样子。
⑫ 恶（wù）：厌恶。
⑬ 亡：通作“无”，“没有”的意思。
⑭ 浸：渐渐。假：假令。
⑮ 时夜：司夜，即报晓的公鸡。
⑯ 鸮：斑鸠。炙（zhì）：烤熟的肉。“鸮炙”即烤熟的斑鸠肉。
⑰ 更（gēng）：更换。驾：这里指车驾坐骑。
⑱ 得：指得到生命，与下句的“失”表示死亡相对应，“得”、“失”也即生、死。
⑲ 时：适时。
⑳ 顺：指顺应了规律。
㉑ 县（xuán）：悬挂。“县解”即解脱倒悬。庄子认为人不能超脱物外，就像倒悬人一样其苦不堪，而超脱于物外则像解脱了束缚，七情六欲也就不再成为负担。
㉒ 喘喘然：气息急促的样子。
㉓ 妻子：妻子儿女。环：绕。
㉔ 叱：呵斥之声。
㉕ 怛（dá）：惊扰。化：变化，这里指人之将死。
㉖ 为：这里是改变、造就的意思。
㉗ 阴阳：这里指整个自然变化。
㉘ 翅：这里讲作“啻”，“不翅”就是不啻。
㉙ 冶：熔炼金属；“大冶”指熔炼金属高超的工匠。金：金属。
㉚ 踊跃：跃起。镆铘：亦作“莫邪”，宝剑名。相传春秋时代干将、莫邪夫妇两人为楚王铸剑，三年剑成，雄剑取名为“干将”，雌剑取名为“莫邪”。
㉛ 祥：善。
㉜ 犯：遇，承受。
㉝ 成然：安闲熟睡的样子。寐：睡着，这里实指死亡。
㉞ 蘧（qú）然：惊喜的样子。觉：睡醒，这里喻指生还。

译文 Yiwen

子祀、子舆、子犁、子来四个人在一块交谈说："谁能够把无当作头，把生当作脊柱，把死当作尻尾，谁能够通晓生死存亡浑为一体的道理，我们就可以跟他交朋友。"四个人都会心地相视而笑，心心相契却不说话，于是相互交往成为朋友。

不久子舆生了病，子祀前去探望他。子舆说："伟大啊，造物者！把我变成如此屈曲不伸的样子！腰弯背驼，五脏穴口朝上，下巴隐藏在肚脐之下，肩部高过头顶，弯曲的颈椎形如赘瘤朝天隆起。"阴阳二气不和酿成如此灾害，可是子舆的心里却十分闲逸好像没有生病似的，蹒跚地来到井边对着井水照看自己，说："哎呀，造物者竟把我变成如此屈曲不伸！"

子祀说："你讨厌这屈曲不伸的样子吗？"子舆回答："没有，我怎么会讨厌这副样子！假令造物者逐渐把我的左臂变成公鸡，我便用它来报晓；假令造物者逐渐把我的右臂变成弹弓，我便用它来打斑鸠烤熟了吃。假令造物者把我的臀部变化成为车轮，把我的精神变化成骏马，我就用来乘坐，难道还要更换别的车马吗？至于生命的获得，是因为适时，生命的丧失，是因为顺应；安于适时而处之顺应，悲哀和欢乐都不会侵入心房。这就是古人所说的解脱了倒悬之苦，然而不能自我解脱的原因，则是受到了外物的束缚。况且事物的变化不能超越自然的力量已经很久很久，我又怎么能厌恶自己现在的变化呢？"

不久子来也生了病，气息急促将要死去，他的妻子儿女围在床前哭泣。子犁前往探望，说："嘿，走开！不要惊扰他由生而死的变化！"子犁靠着门跟子来说话："伟大啊，造物者！又将把你变成什么，把你送到何方？把你变化成老鼠的肝脏吗？把你变化成虫蚁的臂膀吗？"

子来说："父母对于子女，无论东西南北，他们都只能听从吩咐调遣。自然的变化对于人，则不啻于父母；它使我靠拢死亡而我却不听从，那么我就太蛮横了，而它有什么过错呢！大地把我的形体托载，用生存来劳苦我，用衰老来闲适我，用死亡来安息我。所以把我的存在看作是好事，也因此可以把我的死亡看作是好事。现在如果有一个高超的冶炼工匠铸造金属器皿，金属熔解后跃起说'我将必须成为良剑莫邪'，冶炼工匠必定认为这是不吉祥的金属。如今人一旦承受了人的外形，便说'成人了，成人了'，造物者一定会认为这是不吉祥的人。如今把整个浑一的天地当作大熔炉，把造物者当作高超的冶炼工匠，用什么方法来驱遣我而不可以呢？"于是安闲熟睡似的离开人世，又好像惊喜地醒过来而回到人间。

原 文 YuanWen

子桑户、孟子反、子琴张三人相与友[①]，曰："孰能相与于无相与，相为于无相为？孰能登天游雾，挠挑无极[②]，相忘以生，无所终穷？"三人相视而笑，莫逆于心，遂相与为友。

莫然有间[③]而子桑户死，未葬。孔子闻之，使子贡往侍事[④]焉。或编曲，或鼓琴，相和而歌曰："嗟来[⑤]桑户乎！嗟来桑户乎！而已反其真[⑥]，而我犹为人猗[⑦]！"子贡趋而进曰："敢问临尸而歌，礼乎？"二人相视而笑曰："是恶知礼意！"

子贡反，以告孔子，曰："彼何人者邪？修行[8]无有，而外其形骸[9]，临尸而歌；颜色不变，无以命[10]之。彼何人者邪？"

孔子曰："彼，游方[11]之外者也；而丘，游方之内者也。外内不相及，而丘使女往吊之，丘则陋[12]矣。彼方且与造物者为人[13]，而游乎天地之一气[14]。彼以生为附赘县疣[15]，以死为决疣溃痈[16]，夫若然者，又恶知死生先后之所在！假[17]于异物，托于同体；忘其肝胆，遗其耳目；反覆终始，不知端倪；芒然彷徨乎尘垢之外[18]，逍遥乎无为之业[19]。彼又恶能愦愦然[20]为世俗之礼，以观[21]众人之耳目哉！"

子贡曰："然则夫子何方[22]之依？"孔子曰："丘，天之戮民[23]也。虽然，吾与汝共之。"子贡曰："敢问其方。"孔子曰："鱼相造乎水，人相造[24]乎道。相造乎水者，穿池而养给[25]；相造乎道者，无事而生定[26]。故曰，鱼相忘乎江湖，人相忘乎道术。"子贡曰："敢问畸人[27]。"曰："畸人者，畸于人而侔[28]于天，故曰，天之小人，人之君子；人之君子，天之小人也。"

注释 *Zhushi*

① 子桑户、孟子反、子琴张：庄子假托的人名。本句的"友"字可能是"语"字之误；作"相与语"讲前后语意均能串通。

② 挠挑：循环升登。无极：这里指没有穷尽的太空。

③ 莫然有间（jiàn）：顷刻之间。一说"莫然"即"漠然"，指相交淡漠。姑备参考。

④ 侍事：帮助办理丧事。

⑤ 嗟来：犹如“嗟乎”。

⑥ 而：你。反：返回。真：本真。“反其真”意思就是返归自然。

⑦ 猗（yī）：表示感叹语气。

⑧ 修行：培养自己的德行。

⑨ 外其形骸：以其形骸为外，把自身的形骸置之度外，意思是不把死亡当作一件大事。

⑩ 命：名，称述。

⑪ 方：方域，指人类生活的空间。

⑫ 陋：浅薄，见识不广。

⑬ 人：偶；“为人”即相互作为伴侣。

⑭ 一气：元气。

⑮ 县（xuán）：悬。疣（yóu）：这里义同“瘤”。“附赘县疣”喻指多余的东西。

⑯ 疣（huàn）、痈（yōng）：均为毒疮。“决疣溃痈”指毒疮化浓而破溃。

⑰ 假：凭藉。

⑱ 芒然：即茫然。尘垢：这里喻指人世。

⑲ 无为之业：无所作为的境界。

⑳ 愦（kuì）愦然：烦乱的样子。

㉑ 观：显示。

㉒ 方：方术，准则。

㉓ 戮：刑戮。“天之戮民”意思是受到自然惩罚的人，即摆脱不了方内束缚的人。

㉔ 造：往，适。

㉕ 给：足。“养给”即给养充裕。

㉖ 生：通作“性”，“生定”即性情平静安适。一说“定”字为“足”字之误，“生定”则是心性自足之意。

㉗ 畸（jī）人：即奇异的人，这里指不合于世俗的人。

㉘ 侔（móu）：齐同。

译文 Yiwen

子桑户、孟子反、子琴张三人在一起谈话："谁能够相互交往于无心交往之中，相互有所帮助却像没有帮助一样？谁能登上高天巡游雾里，循环升登于无穷的太空，忘掉自己的存在，而永远没有终结和穷尽？"三人会心地相视而笑，心心相印，于是相互结成好友。

过不多久子桑户死了，还没有下葬。孔子知道了，派弟子子贡前去帮助料理丧事。孟子反和子琴张却一个在编曲，一个在弹琴，相互应和着唱歌："哎呀，子桑户啊！哎呀，子桑户啊！你已经返归本真，可是我们还成为活着的人而托载形骸呀！"子贡听了快步走到他们近前，说："我冒昧地请教，对着死人的尸体唱歌，这合乎礼仪吗？"二人相视笑了笑，不屑地说："这种人怎么会懂得'礼'的真实含意！"

子贡回来后把见到的情况告诉给孔子，说："他们都是些什么样的人呢？不看重德行的培养而无有礼仪，把自身的形骸置之度外，面对着死尸还要唱歌，容颜和脸色一点也不改变，没有什么办法可以用来称述他们。他们究竟是些什么样的人呢？"

孔子说："他们都是些摆脱礼仪约束而逍遥于人世之外的人，我却是生活在具体的世俗环境中的人。人世之外和人世之内彼此不相干涉，可是我却让你前去吊唁，我实在是浅薄呀！他们正跟造物者结为伴侣，而逍遥于天地浑一的元气之中。他们把人的生命看作像赘瘤一样多余，他们把人的死亡看作是毒痈化脓后的溃破，像这样的人，又怎么会顾及死生优劣的存在！凭借于各种不同的物类，但最终寄托于同一的整体；忘掉了体内的肝胆，也忘掉了体外的耳目；无尽地反复着终结和开始，但从不知道它们的头绪；茫茫然彷徨于人世之外，逍遥自在地生活在无所作为的环境中。他们又怎么会烦乱地去炮制世俗的礼仪，而故意炫耀于众人的耳目之前呢！”

子贡说：“如此，那么先生将遵循什么准则呢？”孔子说：“我孔丘，乃是苍天所惩罚的罪人。即使这样，我仍将跟你们一道去竭力追求至高无上的‘道’。”子贡问：“请问追求‘道’的方法。”孔子回答：“鱼争相投水，人争相求道。争相投水的鱼，掘地成池便给养充裕；争相求道的人，漠然无所作为便心性平适。所以说，鱼相忘于江湖里，人相忘于道术中。”子贡说：“再冒昧地请教‘畸人’的问题”。孔子回答：“所谓‘畸人’，就是不同于世俗而又等同于自然的人。所以说，自然的小人就是人世间的君子；人世间的君子就是自然的小人。”

原 文 YuanWen

颜回问仲尼曰：“孟孙才[①]，其母死，哭泣无涕[②]，中心不戚[③]，居丧不哀。无是三者[④]，以善处丧盖[⑤]鲁国。固[⑥]有无其实而得其名者乎？回壹[⑦]怪之。”

仲尼曰：“夫孟孙氏尽之矣，进[⑧]于知矣。唯简之而不得，夫[⑨]已有所简矣。孟孙氏不知所以生，不知所以死；不知就先[⑩]，不知就后；若化[⑪]为物，以待其所不知之化已乎！且方将化，恶知不化哉？方将不化，恶知已化哉？吾特与汝，其梦未始觉者邪！且彼有骇形而无损心[12]，有旦宅而无情死[13]。孟孙氏特觉，人哭亦哭，是自其所以乃[14]。且也相与吾之耳矣，庸讵知吾所谓吾之乎？且汝梦为鸟而厉[15]乎天，梦为鱼而没于渊。不识今之言者，其觉者乎，其梦者乎？造适[16]不及笑，献笑不及排[17]，安排而去化[18]，乃入于寥[19]天一。”

注释 Zhushi

① 孟孙才：人名，复姓孟孙。

② 涕：泪水。

③ 中心：心中。戚：悲痛。

④ 三者：指上述“哭泣不涕”、“中心不戚”、“居丧不哀”的三种表现。

⑤ 盖：覆。

⑥ 固：竟，难道。

⑦ 壹：实在，确实。

⑧ 进：胜，超过。

⑨ 夫：这里代指孟孙才。

⑩ 就：趋近，追求。先：这里实指“生”，与下句“后”字实指“死”相应。

⑪ 若：顺。“若化”即顺应自然变化。

⑫ 骇形：指人死之后形体必有惊人的改变。心：精神，“损心”，指情绪悲哀损伤心神。

⑬ 旦：日新，朝夕改变的意思。宅：这里喻指精神的寓所，即人的躯体。情死：真实的死亡。

⑭ 乃：通作“尔”，如此的意思。

⑮ 厉：通作“戾”，至、往的意思，这里实指鸟的飞翔。

⑯ 造：达到。适：快意。

⑰ 献：发。一说“献”通“戏”，献笑，亦即戏笑。排：排解，消泄。

⑱ 安排：安于自然的推移。去化：忘却死亡的变化。

⑲ 寥：寂寥，虚空。

译文 Yiwen

颜回请教孔子说："孟孙才这个人，他的母亲死了，哭泣时没有一滴眼泪，心中不觉悲伤，居丧时也不哀痛。这三个方面没有任何悲哀的表现，可是却因善于处理丧事而名扬鲁国。难道真会有无其实而有其名的情况吗？颜回实在觉得奇怪。"

孔子说："孟孙才处理丧事的做法确实是尽善尽美了，大大超过了懂得丧葬礼仪的人。人们总希望从简治丧却不能办到，而孟孙才已经做到从简办理丧事了。孟孙才不过问人因为什么而生，也不去探寻人因为什么而死；不知道趋赴生，也不知道靠拢死；他顺应自然的变化而成为他应该变成的物类，以期待那些自己所不知晓的变化！况且即将出现变化，怎么知道不变化呢？即将不再发生变化，又怎么知道已经有了变化呢！只有我和你呀，才是做梦似的没有一点儿觉醒的人呢！那些死去了的人惊扰了自身形骸却无损于他们的精神，犹如精神的寓所朝夕改变却并不是精神的真正死亡。唯独孟孙才觉醒，人们哭他也跟着哭，这就是他如此居丧的原因。况且人们交往总借助形骸而称述自我，又怎么知道我所称述的躯体一定就是我呢？而且你梦中变成鸟便振翅直飞蓝天，你梦中变成鱼便摇尾潜入深渊。不知道今天我们说话的人，算是醒悟的人呢，还是做梦的人呢？心境快适却来不及笑出声音，表露快意发出笑声却来不及排解和消泄，安于自然的推移而且忘却死亡的变化，于是就进入到寂寥虚空的自然而与之浑然成为一体。"

原 文 YuanWen

意而子①见许由。许由曰："尧何以资②汝？"意而子曰："尧谓我：'汝必躬服③仁义而明言是非。'"许由曰："而奚来为轵④？夫尧既已黥汝以仁义⑤，而劓汝以是非矣⑥，汝将何以游夫遥荡恣睢转徙之涂乎⑦？"意而子曰："虽然，吾愿游于其藩⑧。"

许由曰："不然。夫盲者无以与⑨乎眉目颜色之好，瞽者无以与乎青黄黼黻之观⑩。"意而子曰："夫无庄⑪之失其美，据梁⑫之失其力，黄帝之亡⑬其知，皆在炉捶⑭之间耳。庸讵知夫造物者之不息⑮我黥而补我劓，使我乘成⑯以随先生邪？"

许由曰："噫！未可知也。我为汝言其大略。吾师⑰乎！吾师乎！泽⑱及万世而不为仁，长于上古而不为老，覆载天地刻雕众形而不为巧，此所游已。"

注 释 Zhushi

① 意而子：虚拟的人名。

② 资：给予。

③ 躬服：亲身实践，身体力行。

④ 而：你。轵（zhǐ）：同"只"，句末语气词用法。

⑤ 黥（qíng）：古代的一种刑法，用刀在受刑人的额上刺刻，而后以墨涂之。

⑥ 劓（yì）：古代的一种刑法，割去了受刑人的鼻子。

⑦ 遥荡：逍遥放荡。恣睢：放任不拘。转徙：辗转变化。塗：通作"途"，道路的意思。

⑧ 藩：篱笆，这里喻指受到一定约束的境域。

⑨ 与：赞许、赏鉴。下句同此解。

⑩ 瞽（gǔ）：瞎眼。一般地说，“盲者”、“瞽者”都指瞎子，细分之，“盲”指有眼无珠，“瞽”指眼瞎而无视力。黼（fǔ）黻（fú）：古代礼服上绣制的花纹。

⑪ 无庄：虚构的古代美人之名，寓含不装饰的意思。传说她闻道之后不再装饰而自忘其美。

⑫ 据梁：虚构的古代勇夫之名，寓含强梁之意。

⑬ 亡：丢失，忘却。

⑭ 炉捶：冶炼锻打，这里喻指得到“道”的熏陶而回归本真。

⑮ 息：养息。

⑯ 乘：载。成：备。“乘成”的意思就是，托载精神的身躯不再残缺。

⑰ 师：这里实指“道”。

⑱ 泽：恩泽。

译文 Yiwen

意而子拜访许由。许由说：“尧把什么东西给予了你？”意而子说：“尧对我说：‘你一定得亲身实践仁义并明白无误地阐明是非。’”许由说：“你怎么还要来我这里呢？尧已经用‘仁义’在你的额上刻下了印记，又用‘是非’割下了你的鼻子，你将凭借什么游处于逍遥放荡、纵任不拘、辗转变化的道途呢？”意而子说：“虽然这样，我还是希望能游处于如此的境域。”

许由说：“不对。有眼无珠的盲人没法跟他观赏姣好的眉目和容颜，瞎子没法跟他赏鉴礼服上各种不同颜色的花纹。”意而子说：“无庄不再打扮忘掉自己的美丽，据梁不再逞强忘掉自己的勇力，黄帝闻‘道’之后忘掉自己的智慧，他们都因为经过了‘道’的冶炼和锻打。怎么知道那造物者不会养息我受黥刑的伤痕和补全我受劓刑所残缺的鼻子，使我得以保全托载精神的身躯而跟随先生呢？”

许由说：“唉！这可是不可能知道的。我还是给你说个大概吧。‘道’是我伟大的宗师啊！我伟大的宗师啊！把万物碎成粉末不是为了某种道义，把恩泽施于万世不是出于仁义，长于上古不算老，回天载地、雕创众物之形也不算技巧。这就进入‘道’的境界了。”

原文 YuanWen

颜回曰：“回益①矣。”仲尼曰：“何谓也？”曰：回忘仁义矣②。”曰：“可矣，犹未也。”他日复见，曰：“回益矣。”曰：“何谓也？”曰：“回忘礼乐矣。”曰：“可矣，犹未也。”他日复见，曰：“回益矣。”曰：“何谓也？”曰：“回坐忘③矣。”仲尼蹴然④曰：“何谓坐忘？”颜回曰：“堕⑤肢体，黜⑥聪明，离形去⑦知，同于大通，此谓坐忘。”仲尼曰：“同则无好也，化则无常⑧也，而果其贤乎！丘也请从而后也。”

注释 Zhushi

① 益：多，增加，进步。

② 从整段文意推测，“仁义”当与后面的“礼乐”互换，忘掉“礼乐”进一步才可能是忘掉“仁义”，但译文仍从旧述。

③ 坐忘：端坐静心而物我两忘。

④ 蹴（cù）然：惊奇不安的样子。

⑤ 堕：毁废。

⑥ 黜：退除。
⑦ 去：抛弃。
⑧ 无常：不执滞于常理。

译 文 Yiwen

颜回说："我进步了。"孔子问道："你的进步指的是什么？"颜回说："我已经忘却仁义了。"孔子说："好哇，不过还不够。"过了几天颜回再次拜见孔子，说："我又进步了。"孔子问："你的进步指的是什么？"颜回说："我忘却礼乐了。"孔子说："好哇，不过还不够。"过了几天颜回又再次拜见孔子，说："我又进步了。"孔子问："你的进步指的是什么？"颜回说："我'坐忘'了。"孔子惊奇不安地问："什么叫'坐忘'？"颜回答道："毁废了强健的肢体，退除了灵敏的听觉和清晰的视力，脱离了身躯并抛弃了智慧，从而与大道混同相通为一体，这就叫静坐心空物我两忘的'坐忘'。"孔子说："与万物同一就没有偏好，顺应变化就不执滞常理。你果真成了贤人啊！我作为老师也希望能跟随学习而步你的后尘。"

原 文 YuanWen

子舆与子桑友，而霖雨⑦十日。子舆曰："子桑殆病②矣！"裹饭而往食之③。至子桑之门，则若歌若哭，鼓琴④曰："父邪？母邪？天乎？人乎⑤？"有不任其声而趋举其诗焉⑥。

子舆入，曰："子之歌诗，何故若是？"曰："吾思夫使我至此极者而弗得也。父母岂欲吾贫哉？天无私覆，地无私载，天地岂私贫我哉？求其为之者而不得也。然而至此极者，命也夫！"

注 释 Zhushi

① 霖：阴雨三日以上。“霖雨”即连绵不断地下雨。

② 殆：恐怕，大概。病：困乏潦倒。

③ 裹饭：用东西包着饭食。食之：给他吃。“食”字旧读去声。

④ 鼓琴：弹琴。

⑤ 以上四句，均为子桑探问自己的困乏是由谁造成的。

⑥ 任：堪。“不任其声”是说声音衰微，禁不住内心感情的表达。趋：急促。“趋举其诗”是说急促地吐露出歌词。

译 文 Yiwen

子舆和子桑是好朋友，连绵的阴雨下了十日，子舆说：“子桑恐怕已经困乏而饿倒。”便包着饭食前去给他吃。来到子桑门前，就听见子桑好像在唱歌，又好像在哭泣，而且还弹着琴：“是父亲呢？还是母亲呢？是天呢？还是人呢？”声音微弱好像禁不住感情的表达，急促地吐露着歌词。

子舆走进屋子说：“你歌唱的诗词，为什么像这样？”子桑回答说：“我在探寻使我达到如此极度困乏和窘迫的人，然而没有找到。父母难道会希望我贫困吗？苍天没有偏私地覆盖着整个大地，大地没有偏私地托载着所有生灵，天地难道会单单让我贫困吗？寻找使我贫困的东西可是我没能找到。然而已经达到如此极度的困乏，这还是‘命’啊！”

应帝王

文章题解 Wenzhang Tijie

《应帝王》是《庄子》内篇中的最后一篇，它表达了庄子的为政思想。庄子对宇宙万物的认识基于“道”，他认为整个宇宙万物是浑一的，因此也就无所谓分别和不同，世间的一切变化也都出于自然，人为的因素都是外在的、附加的。基于此，庄子的政治主张就是以不治为治，无为而治便是本篇的中心。什么样的人“应”成为“帝王”呢？那就是能够听任自然、顺乎民情、行不言之教的人。

全篇大体分为七个部分。第一部分至“而未始入于非人”，借蒲衣子之口说出理想的为政者，听任人之所为，从不堕入物我两分的困境。第二部分至“而曾二虫之无知”，指出制定各种行为规范乃是一种欺骗，为政者无须多事，倘要强人所难就像“涉海凿河”，“使蚊负山”一样。第三部分至“而天下治矣”，进一步倡导无为而治，即“顺物自然而无容私焉”的主张。第四部分至“而游于无有者也”，提出所谓“明王”之治，即“使物自喜”、“化贷万物”的无为之治。第五部分至“一以是终”，叙述神巫给得道的壶子看相的故事，说明只有“虚”而“藏”才能不为人所测，含蓄地指出为政也得虚己而顺应。第六部分至“故能胜物而不伤”，强调为政清明，应像镜子那样，来者就照，去者不留，“胜物”而又“不伤”。余下为第七部分，叙述浑沌受人为伤害失去本真而死去的故事，寓指有为之政祸害无穷。全篇以这七个故事，寓托了他无为而治的政治主张。

原 文 YuanWen

啮缺问于王倪[①]，四问而四不知。啮缺因跃而大喜，行以告蒲衣子[②]。

蒲衣子曰："而乃今知之乎？有虞氏不及泰氏[③]。有虞氏，其犹藏仁以要[④]人，亦得人矣，而未始出于非人[⑤]。泰氏，其卧徐徐[⑥]，其觉于于[⑦]，一[⑧]以己为马，一以己为牛；其知情[⑨]信，其德甚真，而未始入于非人。"

注 释 Zhushi

① 啮（niè）缺、王倪：人名。

② 蒲衣子：人名，传说中的古代贤人。

③ 有虞氏：即虞舜。泰氏：旧注指太昊（hào），即伏羲氏。

④ 要（yāo）：交结：这里含有笼络的意思。

⑤ 非人：颇费解，旧注也多迂阔。这里似指物我之分两忘，"入于非人"大意是进入到外物与自我相分的境地。庄子认为，从根本上讲外物与自我统一为一体而无所分别，伏羲氏能无为而治，"知情信"，"德甚真"，因而从不曾进入物我两分的困境，"以己为马"、"以己为牛"也听之任之。

⑥ 徐徐：宽缓安闲的样子。

⑦ 于于：悠游自得的样子。

⑧ 一：或。一说讲作"竟"，亦可通。

⑨ 情：真实，实在。

译 文 Yiwen

啮缺向王倪求教，四次提问王倪四次都不能作答。啮缺于是跳了起来高兴极了，去到蒲衣子处把上述情况告诉给他。

蒲衣子说："你如今知道了这种情况吗？虞舜比不上伏羲氏。虞舜他心怀仁义以笼络人心，获得了百姓的拥戴，不过他还是不曾超脱出人为的物我两分的困境。伏羲氏他睡卧时宽缓安适，他觉醒时悠游自得；他听任有的人把自己看作马，听任有的人把自己看作牛；他的才思实在真实无伪，他的德行确实纯真可信，而且从不曾涉入物我两分的困境。"

原 文 YuanWen

肩吾见狂接舆[①]。狂接舆曰："日中始[②]何以语女？"肩吾曰："告我君人者以己出经式义度[③]，人孰敢不听而化诸[④]？"

狂接舆曰："是欺德[⑤]也；其于治天下也，犹涉海凿河而使蚉[⑥]负山也。夫圣人之治也，治外[⑦]乎？正而后行[⑧]，确乎能其事者而已矣。且鸟高飞以避矰弋之害[⑨]，鼷鼠深穴乎神丘之下以避熏凿之患[⑩]，而曾[⑪]二虫之无知！"

注 释 Zhushi

① 肩吾：人名。接舆：楚国隐士陆通的字。

② 日中始：庄子假托的又一寓言人物，为肩吾的老师。一说其人当为"中始"，"日"是一时间词，往昔的意思。

③ 以己出：用自己的意志来推行。义：仪，法。"经式"、"仪度"这里都指法度。

④ 化诸：随之变化。

⑤ 欺德：欺诳的做法。

⑥ 蚉："蚊"字的异体。

⑦ 治外：治理外表。庄子认为推行法度，只能治理社会的外在表象。

⑧ 正：指顺应本性。行：指推行教化。

⑨ 矰（zēng）：系有丝绳用来弋射的短箭。弋（yì）：用丝绳系在箭上射飞鸟。
⑩ 鼷（xī）鼠：小鼠。神丘：社坛。熏凿：指用烟熏洞，用铲掘地。
⑪ 曾：竟。

译 文 Yiwen

肩吾拜会隐士接舆。接舆说："往日你的老师日中始用什么来教导你？"肩吾说："他告诉我，做国君的一定要凭借自己的意志来推行法度，人们谁敢不听从而随之变化呢？"

接舆说："这是欺诳的做法，那样治理天下，就好像徒步下海开凿河道，让蚊虫背负大山一样。圣人治理天下，难道去治理社会外在的表象吗？他们顺应本性而后感化他人，听任人们之所能罢了。鸟儿尚且懂得高飞躲避弓箭的伤害，老鼠尚且知道深藏于神坛之下的洞穴逃避熏烟凿地的祸患，而你竟然连这两种小动物本能地顺应环境也不了解！"

原 文 YuanWen

天根游于殷阳[①]，至蓼水[②]之上，适遭无名人而问焉[③]，曰："请问为[④]天下。"无名人曰："去[⑤]！汝鄙人也，何问之不豫[⑥]也！予方将与造物者为人[⑦]，厌，则又乘夫莽眇之鸟[⑧]，以出六极之外，而游无何有之乡[⑨]，以处圹埌[⑩]之野。汝又何帠以治天下感予之心为[⑪]？"又复问。无名人曰："汝游心于淡[⑫]，合气于漠[⑬]，顺物自然而无容私焉，而天下治矣。"

注 释 Zhushi

① 天根：虚构的人名。殷：山名。“殷阳”即殷山的南面。
② 蓼（liǎo）水：水名。
③ 遭：逢，遇上。无名人：杜撰的人名。
④ 为：这里是治理的意思。
⑤ 去：离开、走开，这里有呵斥、不屑多言之意。
⑥ 豫：悦，愉快。一说讲作“厌”。
⑦ 人：偶。“为人”即结为伴侣。
⑧ 莽眇（miǎo）之鸟：状如飞鸟的清虚之气。
⑨ 无何有之乡：什么都不存在的地方。
⑩ 圹（kuàng）埌（làng）：无边无际的样子。
⑪ 帠：字书未录此字，旧注读yì，疑为“臬”字之误。“臬”当是“寱”的借字，说梦话的意思，无名人认为天根的问话像是梦呓。
⑫ 淡：这里指听任自然，保持本性而无所饰的心境。
⑬ 漠：这里指清静无为，居处漠然。

原 文 YuanWen

天根闲游殷山的南面，来到蓼水河边，正巧遇上无名人而向他求教，说：“请问治理天下之事。”无名人说：“走开，你这个见识浅薄的人，怎么一张口就让人不愉快！我正打算跟造物者结成伴侣，厌烦时便又乘坐那状如飞鸟的清虚之气，超脱于‘六极’之外，而生活在什么也不存在的地方，居处于旷达无垠的环境。你又怎么能用梦呓般的所谓治理天下的话语来撼动我的心思呢？”天根又再次提问。无名人说：“你应处于保持本性、无所修饰的心境，交合形气于清静无为的方域，顺应事物的自然而没有半点儿个人的偏私，天下也就得到治理。”

译文 Yiwen

阳子居[1]见老聃，曰：“有人于此，向疾强梁[2]，物彻疏明[3]，学道不勌[4]。如是者，可比明王乎？”老聃曰：“是于圣人也，胥易技系[5]，劳形怵心[6]者也。且也虎豹之文来田[7]，猨狙之便执斄之狗来藉[8]。如是者，可比明王乎？”阳子居蹴然[9]曰：“敢问明王之治。”老聃曰：“明王之治，功盖天下而似不自己[10]，化贷万物而民弗恃[11]。有莫举[12]名，使物自喜；立乎不测，而游于无有者也。”

注释 Zhushi

① 阳子居：旧注指阳朱，即杨朱，战国时代倡导为我主义的哲学家。

② 向（嚮）：通作“（响）（響）”，回声。“向疾”就是像回声那样迅疾敏捷。强梁：强干果决。这一句是说遇事果决，行动极快。

③ 彻：洞彻。疏明：通达明敏。

④ 勌（juàn）：“倦”字的异体。

⑤ 胥：通作“谞”（xǔ），智慧的意思，这里指具有一定才智的小官吏。易：改，这里指供职办事。系：系累。

⑥ 劳形：使身体劳苦。怵（chù）心：心里感到恐惧、害怕。

⑦ 文：纹，这里指具有纹饰的皮毛。來：使……来，这个意义后代又写作“徕”。田：打猎，这个意义后代写作“畋”。“来田”就是招徕打猎人的围捕。

⑧ 猨（yuán）狙（jū）：猕猴。便：便捷。斄（lí）：狐狸；“执斄”就是迅猛地捕捉狐狸。藉：用绳索拘系；“来藉”就是招致绳索的拘缚。

⑨ 蹴（cù）然：惊惶不安而面容改变的样子。

⑩ 自己：出自自己。

⑪ 化：教化。贷：推卸，施及。恃：依赖。

⑫ 举：称述。

译文 Yiwen

阳子居拜见老聃，说："倘若现在有这样一个人，他办事迅疾敏捷、强干果决，对待事物洞察准确、了解透彻，学'道'专心勤奋从不厌怠。像这样的人，可以跟圣哲之王相比而并列吗？"老聃说："这样的人在圣人看来，只不过就像聪明的小吏供职办事时为技能所拘系、劳苦身躯担惊受怕的情况。况且虎豹因为毛色美丽而招来众多猎人的围捕，猕猴因为跳跃敏捷、狗因为捕物迅猛而招致绳索的拘缚。像这样的动物，也可以拿来跟圣哲之王相比而并列吗？"阳子居听了这番话脸色顿改，不安地说："冒昧地请教圣哲之王怎么治理天下。"老聃说："圣哲之王治理天下，功绩普盖天下却又像什么也不曾出自自己的努力，教化施及万物而百姓却不觉得有所依赖；功德无量没有什么办法称述赞美，使万事万物各居其所而欣然自得；立足于高深莫测的神妙之境，而生活在什么也不存在的世界里。"

原文 YuanWen

郑有神巫[①]曰季咸，知人之死生存亡、祸福寿夭，期[②]以岁月旬日，若神。郑人见之，皆弃而走。列子见之而心醉[③]，归，以告壶子，曰："始吾以夫子之道为至矣，则又有至焉者矣。"壶子曰："吾与汝既其文[④]，未既其实[⑤]，而固得道与？众雌而无雄，而又奚卵[⑥]焉！而以道与世亢[⑦]，必信，夫故使人得而相汝。尝试与来，以予示之。"

明日，列子与之见壶子。出而谓列子曰："嘻！子之先生死矣！弗活矣！不以旬数[⑧]矣！吾见怪焉，见湿灰[⑨]焉。"列子入，泣涕沾襟以告壶子。壶子曰："乡吾示之以地文[10]，萌乎不震不正[11]。是殆见吾杜德机[12]也。尝又与来。"

明日，又与之见壶子。出而谓列子曰："幸矣，子之先生遇我也！有瘳[13]矣，全然有生[14]矣！吾见其杜权[15]矣。"列子入，以告壶子。壶子曰："乡吾示之以天壤[16]，名实不入[17]，而机发于踵[18]。是殆见吾善者机[19]也。尝又与来。"

明日，又与之见壶子。出而谓列子曰："子之先生不齐[20]，吾无得而相焉。试齐，且复相之。"列子入，以告壶子。壶子曰："乡吾示之以太冲莫胜[21]。是殆见吾衡气机[22]也。鲵桓之审为渊[23]，止水之审为渊，流水之审为渊。渊有九名，此处三焉[24]。尝又与来。"

明日，又与之见壶子。立未定，自失[25]而走。壶子曰："追之！"列子追之不及，反，以报壶子曰："已灭[26]矣，已失矣，吾弗及已。"壶子曰："乡吾示之以未始出吾宗[27]。吾与之虚而委蛇[28]，不知其谁何[29]，因以为弟靡[30]，因以为波流[31]，故逃也。"

然后列子自以为未始学[32]而归，三年不出。为其妻爨[33]，食[34]豕如食人。于事无与亲[35]，雕琢复朴[36]，块然[37]独以其形立。纷而封哉[38]，一[39]以是终。

注释 Zhushi

① 巫：占卜识相的人，"神"指其预卜十分灵验。

② 期：预卜的时期。

③ 列子：即列御寇，郑国人。下句之壶子，传说是列子的老师。心醉：这里指内心折服。

④ 既：尽，全。文：纹饰，外在的东西。

⑤ 实：本质，与上句之“文”相对。

⑥ 卵：用如动词，产卵的意思。

⑦ 道：这里是指前面所述“既其文”的道，而非真正的道。亢：通作“抗”，匹敌、对付的意思。

⑧ 旬：十日。“不以旬数”即不能用十天来计数，言外之意是说活不了十天了。

⑨ 湿灰：用于描写神情，与上句之怪异描写形色相对应。死灰犹可复燃，而水湿之灰已无复燃之可能，喻指必死无疑。

⑩ 乡（鄉）：通作“向”，过去、先前的意思。地文：大地上的纹理，即大地上山川湖海等表征。大地是寂然不动的，这里喻指寂然不动的心境。示：显露，给……看。

⑪ 萌：疑通作“茫”，“萌乎”即茫茫然。震：动。正：疑为“止”字之误。“不震”指体征和神情寂然，“不止”指生命的运行并未停息。

⑫ 杜：闭塞。德机：至德的生机。

⑬ 瘳（chōu）：病愈，这里指病兆大大减轻。

⑭ 生：生气，这里指有了成活希望。

⑮ 权：机。“杜权”即闭塞的生机，含有闭塞的生机出现活动的意思。

⑯ 天壤：天地，这里指像天与地之间那样的相对与感应。

⑰ 名实：名声和实利。不入：指不为所动，不能进入到内心。

⑱ 踵：脚后跟，这里指人的根基。

⑲ 者：用同“之”。“善者机”亦即一线生机。

⑳ 齐：心迹稳定。一说通作“斋”，“不齐”即没有斋戒。

㉑ 太冲：太虚。“太冲莫胜”是说虚心凝寂、动静无别，阴阳之气均衡而又和谐。

㉒ 衡：平。“衡气机”是说内气持平，应称生机，浑然凝一。

㉓ 鲵（ní）：鲸鱼，这里泛指大鱼。桓：盘桓。审：水回流而聚积的地方。一说“审”即“瀋”字，通作“沈”，水深的意思。

㉔此处三焉：意思是这里说了渊的三种情况。所谓三“渊”，喻指前面提到的“杜德机”、“善者机”、“衡气机”三种神态。“三”对于“九”来说是小数，从而暗示“道”深不可测，神巫所能看到的还只是皮毛。

㉕自失：不能自持。

㉖灭：消逝了踪影。

㉗宗：源，根本。

㉘虚：活脱，一点也不执着。委蛇（yí）：随顺应付。成语“虚以委蛇”出于此。

㉙谁何：什么；“知其谁何”是说能够了解我的究竟。

㉚以为：以之为，把自己变成。弟靡：颓废顺从。

㉛波流：像水波一样逐流。

㉜未始学：从不曾学过道。神巫季咸逃跑后，列子方悟到老师壶子的道术深不可测，而神巫的巫术实是浅薄，因此觉得自己从不曾求师学道似的。

㉝爨（cuàn）：烧火行炊。

㉞食（sì）：饲养，给……吃的意思。

㉟无与亲：无亲疏之别，没有偏私。

㊱雕琢指原来的华饰，复朴，指现在业已恢复朴实的“道”。

㊲块然：像大地一样木然。

㊳纷：这里指世间的纷扰。封：守，这里指能够持守本真。

㊴一：如一，贯一。

译 文 Yiwen

郑国有个占卜识相十分灵验的巫师，名叫季咸，他知道人的生死存亡和祸福寿夭，所预卜的年、月、旬、日都准确应验，仿佛是神人。郑国人见到他，都担心预卜死亡和凶祸而急忙跑开。列子见到他却内心折服如醉如痴，回来后把见到的情况告诉老师壶子，并且说：“起先我总以为先生的道行最为高深，如今又有更为高深的巫术了。”壶子说：“我教给你的还全是道的外在的东西，还未能教给你道的实质，你难道就已经得道了吗？只有众多的雌性可是却无雄性，又怎么能生出受精的卵呢！你用所学到的道的皮毛就跟世人相匹敌，而且一心求取别人的信任，因而让人洞察底细而替你看相。你试着跟他一块儿来，把我介绍给他看看相吧。”

第二天，列子跟神巫季咸一道拜见壶子。季咸走出门来就对列子说：“呀！你的先生快要死了！活不了了，用不了十来天了！我观察到他临死前的怪异形色，神情像遇水的灰烬一样。”列子进到屋里，泪水弄湿了衣襟，伤心地把季咸的话告诉给壶子。壶子说：“刚才我将如同地表那样寂然不动的心境显露给他看，茫茫然既没有震动也没有止息。这样恐怕只能看到我闭塞的生机。试试再跟他来看看。”

第二天，列子又跟神巫季咸一道拜见壶子。季咸走出门来就对列子说：“幸运啊，你的先生遇上了我！症状减轻了，完全有救了，我已经观察到闭塞的生机中神气微动的情况。”列子进到屋里，把季咸的话告诉给壶子。壶子说：“刚才我将天与地那样相对而又相应的心态显露给他看，名声和实利等一切杂念都排除在外，而生机从脚跟发至全身。这样恐怕已看到了我的一线生机。试着再跟他一块儿来看看。”

第二天，列子又跟神巫季咸一道拜见壶子。季咸走出门来就对列子说：“你的先生心迹不定，神情恍惚，我不可能给他看相。等到心迹稳定，再来给他看相。”列子进到屋里，把季咸的话告诉给壶子。壶子说：“刚才我把阴阳二气均衡而又和谐的心态显露给他看。这样恐怕看到了我内气持平、相应相称的生机。大鱼盘桓逗留的地方叫做深渊，静止的河水聚积的地方叫做深渊，流动的河水滞留的地方叫做深渊。渊有九种称呼，这里只提到了上面三种。试着再跟他一块儿来看看。”

第二天，列子又跟神巫咸季一道拜见壶子。季咸还未站定，就不能自持地跑了。壶子说：“追上他！”列子没能追上，回来告诉壶子，说：“已经没有踪影了，让他跑掉了，我没能赶上他。”壶子说：“起先我显露给他看的始终未脱离我的本源。我跟他随意应付，他弄不清我的究竟，于是我使自己变得颓废顺从，变得像水波逐流一样，所以他逃跑了。”

这之后，列子深深感到像从不曾拜师学道似的回到了自己的家里，三年不出门。他帮助妻子烧火做饭，喂猪就像伺候人一样。对于各种世事不分亲疏没有偏私，过去的雕琢和华饰已恢复到原本的质朴和纯真，像大地一样木然忘情地将形骸留在世上。虽然涉足世间的纷扰，却能固守本真，并像这样终生不渝。

原 文 YuanWen

无为名尸[①]，无为谋府[②]；无为事任[③]，无为知主。体[④]尽无穷，而游无朕[⑤]；尽其所受乎天，而无见[⑥]得，亦虚[⑦]而已。至人之用心若镜，不将不迎[⑧]，应而不藏，故能胜物[⑨]而不伤。

注 释 Zhushi

① 名：名誉。尸：主，引申指寄托的场所。
② 谋府：出谋划策的地方。
③ 任：负担。
④ 体：体验、体会，这里指潜心学道。
⑤ 朕：迹。“无朕”即不留下踪迹。

⑥ 见（xiàn）：表露，这个意义后代写作“现”。
⑦ 虚：指心境清虚淡泊，忘却自我。
⑧ 将：送。“不将不迎”指照物之影听之任之，来的即照，去的不留。
⑨ 胜物：指足以反映事物。

译文 Yiwen

不要成为名誉的寄托，不要成为谋略的场所；不要成为世事的负担，不要成为智慧的主宰。潜心地体验真源而且永不休止，自由自在地游乐而不留下踪迹；任其所能秉承自然，从不表露也从不自得，也就心境清虚淡泊而无所求要了。修养高尚的“至人”心思就像一面镜子，对于外物是来者即照去者不留，应合事物本身从不有所隐藏，所以能够反映外物而又不因此损心劳神。

原文 YuanWen

南海之帝为儵，北海之帝为忽，中央之帝为浑沌[①]。儵与忽时相与遇于浑沌之地，浑沌待之甚善。儵与忽谋报浑沌之德，曰：“人皆有七窍[②]以视听食息，此独无有，尝试凿之。”日凿一窍，七日而浑沌死。

注释 Zhushi

① 儵（shū）、忽、浑沌：都是虚拟的名字，但用字也是有寓意，“儵”和“忽”指急匆匆的样子，“浑沌”指聚合不分的样子，一指人为的，一指自然的，因此“儵”、“忽”寓指有为，而“浑沌”寓指无为。
② 七窍：人头部的七个孔穴，即两眼、两耳、两鼻孔和嘴。

译 文 Yiwen

南海的大帝名叫儵，北海的大帝名叫忽，中央的大帝叫浑沌。儵与忽常常相会于浑沌之处，浑沌款待他们十分丰盛，儵和忽在一起商量报答浑沌的深厚情谊，说："人人都有眼耳口鼻七个窍孔用来视、听、吃的呼吸，唯独浑沌没有，我们试着为他凿开七窍。"他们每天凿出一个孔窍，凿了七天，浑沌也就死去了。

秋 水

文章题解 Wenzhang Tijie

《秋水》是《庄子》中的又一长篇，用篇首的两个字作为篇名，中心是讨论人应怎样去认识外物。

全篇由两大部分组成。前一部分写北海海神跟河神的谈话，一问一答一气呵成，构成本篇的主体。这个长长的对话根据所问所答的内容，又可分成七个片断，至“不似尔向之自多于水乎”是第一个片断，写河神的小却自以为大，对比海神的大却自以为小，说明了认识事物的相对性观点。至“又何以知天地之足以穷至大之域”是第二个片断，以确知事物和判定其大小极其不易，说明认知常受事物自身的不定性和事物总体的无穷性所影响。至“约分之至也”是第三个片断，紧承前一对话，进一步说明认知事物之不易，常常是“言”不能“论”，“意”不能“察”。至“小大之家”是第四个片断，从事物的相对性出发，更深一步地指出大小贵贱都不是绝对的，因而最终是不应加以辨知的。至“夫固将自化”是第五个片断，从“万物一齐”、“道无终始”的观点出发，指出人们认知外物必将无所作为，只能等待它们的“自化”。至“反要而语极”是第六个片断，透过为什么要看重“道”的谈话，指出懂得了“道”就能通晓事理，就能认识事物的变化规律。至“是谓反其真”是第七个片断，即河神与海神谈话的最后一部分，提出了返归本真的主张，即不以人为毁灭天然，把“自化”的观点又推进了一步。

后一部分分别写了六个寓言故事，每个寓言故事自成一体，各不关联，跟前一部分海神与河神的对话也没有任何结构关系上的联系，对全篇主题的表达帮助也不甚大，似有游离之嫌。

这篇文章强调了认识事物的复杂性，即事物本身的相对性和认知过程的变异性，指出了认知之不易和准确判断的困难。但文章过分强调了事物变化的不定因素，未能揭示出认知过程中相对与绝对间的辩证关系，很容易导向不可知论，因而最终仍只能顺物自化，返归无为，这当然又是消极的了。

原 文 YuanWen

秋水时至[1]，百川灌河[2]；泾流[3]之大，两涘渚崖[4]之间，不辩牛马[5]。于是焉河伯[6]欣然自喜，以天下之美为尽在己。顺流而东行，至于北海，东面而视，不见水端[7]。于是焉河伯始旋[8]其面目，望洋向若而叹曰[9]："野语[10]有之曰，'闻道百，以为莫己若[11]'者，我之谓也。且夫我尝闻少仲尼之闻而轻伯夷之义者[12]，始吾弗信；今我睹子[13]之难穷也，吾非至于子之门则殆矣，吾长见笑于大方之家。"

北海若曰："井鼃[14]不可以语于海者，拘于虚也[15]；夏虫不可以语于冰者，笃[16]于时也；曲士[17]不可以语于道者，束于教也。今尔出于崖涘[18]，观于大海，乃知尔丑[19]，尔将可与语大理[20]矣。天下之水，莫大于海，万川归之，不知何时止而不盈；尾闾[21]泄之，不知何时已而不虚；春秋不变，水旱不知。此其过江河之流，不可为量数。而吾未尝以此自多[22]者，自以比形于天地而受气于阴阳[23]，吾在于天地之间，犹小石小木之在大山也。方存乎见少，又奚以自多！计四海之在天地之间也，不似礨空[24]之在大泽乎？计中国之在海内，不似稊米之在大仓乎[25]？号物之数谓之万，人处一焉；人卒[26]九州，谷食之所生，舟车之所通，人处一焉；此其比万物也，不似豪末[27]之在于马体乎？五帝之所连[28]，三王[29]之所争，仁人之所忧，任士[30]之所劳，尽此矣！伯夷辞之以为名，仲尼语之以为博，此其自多也；不似尔向之自多于水乎？"

注 释 Zhushi

① 时：按时，及时。

② 百川：许多河流。灌：流入。河：黄河。

③ 泾（jīng）流：直涌的水流。

④ 两涘（sì）：两岸。涘，河岸。渚（zhǔ）崖：小洲的边沿。渚，水中的小块陆地。

⑤ 不辩牛马：形容河面阔大，两岸景物模糊不清。辩，通“辨”。

⑥ 河伯：黄河之神。

⑦ 端：边际。

⑧ 旋：改变。

⑨ 望洋：连绵词，远视的样子。若：海神，即下文的“北海若”。

⑩ 野语：俗语。

⑪ 莫己若：即莫若己，没有谁比得上自己。下文的“我之谓也”，即谓我也。

⑫ 尝闻：曾听说。少：以……为少，贬低。仲尼：即孔子，字仲尼。伯夷：孤竹君之子，他不受君位，不食周粟，饿死在首阳山。一般认为他很有节义。

⑬ 子：您。本指北海若，这里借指大海。穷：尽。

⑭ 鼃（wā）：同“蛙”，两栖动物。

⑮ 拘：拘限。虚：通“墟”，指所居之处。

⑯ 笃（dǔ）：专守。可引申为拘限。

⑰ 曲士：见识浅陋的乡曲之士。此指偏执俗学的人。

⑱ 崖涘：代指黄河。

⑲ 丑：指思想境界的浅陋。

⑳ 大理：大道。

㉑ 尾闾（lǘ）：指大海的排水处。

㉒ 自多：感到自满。

㉓ 自以：自己认识到。比：借为“庇”，寄托。

㉔ 礨（lěi）空：石块的小孔穴。

㉕ 稊（tí）：一种形似稗的草，果实像小米，故称稊米。大仓：大谷仓。大，通“太”。

㉖ 卒：借为“萃”，聚集。

㉗ 豪末：毫毛的末梢，形容其微不足道。豪，通“毫”。

㉘ 五帝：指黄帝、颛顼、帝喾、唐尧、虞舜。所连：指五帝所连续禅让的对象（天下）而言。

㉙ 三王：泛指夏、商、周三代的帝王。

㉚ 任士：指以救世为己任的贤能之士。

译 文 *Yiwen*

秋天里山洪按照时令汹涌而至，众多大川的水流汇入黄河，河面宽阔波涛汹涌，两岸和水中沙洲之间连牛马都不能分辨。于是河神欣然自喜，认为天下一切美好的东西全都聚集在自己这里。河神顺着水流向东而去，来到北海边，面朝东边一望，看不见大海的尽头。于是河神方才改变先前洋洋自得的面孔，面对着海神仰首慨叹道：“俗语有这样的说法，‘听到了上百条道理，便认为天下再没有谁能比得上自己’的，说的就是我这样的人了。而且我还曾听说过孔丘懂得的东西太少、伯夷的高义不值得看重的话语，开始我不敢相信；如今我亲眼看到了你是这样的浩淼博大、无边无际，我要不是因为来到你的门前，真可就危险了，我必定会永远受到修养极高的人的耻笑。”

海神说：“井里的青蛙，不可能跟它们谈论大海，是因为受到生活空间的限制；夏天的虫子，不可能跟它们谈论冰冻，是因为受到生活时间的限制；乡曲之士，不可能跟他们谈论大道，是因为教养的束缚。如今你从河岸边出来，看到了大海，方才知道自己的鄙陋，你将可以参与谈论大道了。天下的水面，没有什么比海更大的，千万条河川流归大海，不知道什么时候才会停歇而大海却从不会满溢；海底的尾闾泄漏海水，不知道什么时候才会停止而海水却从不曾减少；无论春天还是秋天不见有变化，无论水涝还是干旱不会有知觉。这说明大海远远超过了江河的水流，不能够用数量来计算。可是我从不曾因此而自满，自认为从天地那里承受到形体并且从阴和阳那里秉承到元气，我存在于天地之间，就好像一小块石子、一小块木屑存在于大山之中。我正以为自身的存在实在渺小，又哪里会自以为满足而自负呢？想一想，四海存在于天地之间，不就像小小的石间孔隙存在于大泽之中吗？再想一想，中原大地存在于四海之内，不就像细碎和米粒存在于大粮仓里吗？号称事物的数字叫作万，人类只是万物中的一种；人们聚集于九州，粮食在这里生长，舟车在这里通行，而每个人只是众多人群中的一员；一个人他比起万物，不就像是毫毛之末存在于整个马体吗？五帝所续连的，三王所争夺的，仁人所忧患的，贤才所操劳的，全在于这毫末般的天下呢！伯夷辞让它而博取名声，孔丘谈论它而显示渊博，这大概就是他们的自满与自傲；不就像你先前在河水暴涨时的洋洋自得吗？”

原文 YuanWen

河伯曰：“然则吾大天地而小毫末，可乎？”

北海若曰：“否。夫物，量无穷，时无止，分[1]无常，终始无故[2]。是故大知观于远近，故小而不寡，大而不多，知量无穷，证曏今故[3]，故遥而不闷[4]，掇而不跂[5]，知时无止；察乎盈虚[6]，故得而不喜，失

而不忧，知分之无常也；明乎坦涂[7]，故生而不说[8]，死而不祸，知终始之不可故也。计人之所知，不若其所不知；其生之时，不若未生之时；以其至小求穷其至大之域，是故迷乱而不能自得也。由此观之，又何以知豪末之足以定至细之倪[9]？又何以知天地之足以穷至大之域？”

注释 Zhushi

① 分：指得失之分。
② 故：通“固”，固定。
③ 曏：察明。故：同“古”。
④ 闷：厌倦。
⑤ 掇（duō）：拾取。跂（qì）：求。
⑥ 察：看清楚。盈：满。虚：空。
⑦ 涂：通“途”。
⑧ 说：通“悦”，欣悦。
⑨ 倪：尺度、标准。

译文 Yiwen

河神说：“这样，那么我把天地看作是最大，把毫毛之末看作是最小，可以吗？”

海神回答：“不可以。万物的量是不可穷尽的，时间的推移是没有止境的，得与失的分野没有不变的常规，事物的终结和起始也没有定因。所以具有大智的人观察事物从不局限于一隅，因而体积小却不看作就是少，体积大却不看作就是多，这是因为知道事物的量是不可穷尽的；证验并明察古往今来的各种情况，因而寿命久远却不感到厌倦，生命只在近前却不会企求延年益寿，这是因为知道时间的推移是没有止境的；洞悉事物有盈有虚的规律，因而有所得却不欢欣喜悦，有所失也不悔恨忧愁，这是因为知道得与失的分野是没有定规的；明了生与死之间犹如一条没有阻隔的平坦大道，因而生于世间不会倍加欢喜，死离人世不觉祸患加身，这是因为知道终了和起始是不会一成不变的。算算人所懂得的知识，远远不如他所不知道的东西多，他生存的时间，也远远不如他不在人世的时间长；用极为有限的智慧去探究没有穷尽的境域，所以内心迷乱而必然不能有所得！由此看来，又怎么知道毫毛的末端就可以判定是最为细小的限度呢？又怎么知道天与地就可以看作是最大的境域呢？”

原 文 YuanWen

河伯曰：“世之议者皆曰：‘至精[①]无形，至大不可围。’是信情[②]乎？”

北海若曰：“夫自细视大者不尽，自大视细者不明。夫精，小之微也；垺[③]，大之殷[④]也；故异便[⑤]。此势之有也。夫精粗者，期[⑥]于有形者也；无形者，数之所不能分也；不可围者，数之所不能穷[⑦]也。可以言论者，物之粗也；可以致意者，物之精也。言之所不能论，意之所不能察致者，不期精粗焉。是故大[⑧]人之行，不出乎害人，不多[⑨]仁恩；动不为利，不贱门隶[⑩]；货财弗争，不多辞让；事焉不借人[⑪]，不多食乎力[⑫]，不贱贪污；行殊乎俗，不多辟异[⑬]；为在从众，不贱佞谄[⑭]，世之爵禄不足以为劝[⑮]，戮耻不足以为辱；知是非之不可为分，细大之不可为倪。闻曰：‘道人不闻[⑯]，至德不得，大人无己。’约分[⑰]之至也。”

注 释 Zhushi

① 精：细小。
② 信情：信实。
③ 垺（fú）：通“郛”，外城，比喻大外之大者。
④ 殷：大。
⑤ 异便：指物不相同却各有所宜。
⑥ 期：限于。
⑦ 穷：穷尽。
⑧ 大人：指道家理想中的至人、圣人。
⑨ 多：赞许。
⑩ 门隶：家奴。
⑪ 事：做事。借人：借助别人之力。
⑫ 食乎力：自食其力。
⑬ 辟异：怪僻奇异的行为。辟，通“僻”。
⑭ 佞谄：奉承谄媚。
⑮ 劝：勉励。
⑯ 闻：闻名。
⑰ 约：束缚，取消。分：分别。

译 文 Yiwen

河神说：“世间议论的人们总是说：‘最细小的东西没有形体可寻，最巨大的东西不可限定范围。’这样的话是真实可信的吗？”

海神回答：“从细小的角度看庞大的东西不可能全面，从巨大的角度看细小的东西不可能真切。精细，是小中之小；庞大，是大中之大；不过大小虽有不同却各有各的合宜之处。这就是事物固有的态势。所谓精细与粗大，仅限于有形的东西，至于没有形体的事物，是不能用计算数量的办法来加以剖解的；而不可限定范围的东西，更不是用数量能够精确计算的。可以用言语来谈论的东西，是事物粗浅的外在表象；可以用心意来传告的东西，则是事物精细的内在实质。言语所不能谈论的，心意所不能传告的，也就不限于精细和粗浅的范围了。所以修养高尚者的行动，不会出于对人的伤害，也不会赞赏给人以仁慈和恩惠；无论干什么都不是为了私利，也不会轻视从事守门差役之类的人。无论什么财物都不去争夺，也不推重谦和与辞让；凡事从不借助他人的力气，但也不提倡自食其力，同时也不鄙夷贪婪与污秽；行动与世俗不同，但不主张邪僻乖异；行为追随一般的人，也不以奉承和谄媚为卑贱；人世间的所谓高官厚禄不足以作为劝勉，刑戮和侮辱不足以看作是羞耻；知道是与非的界线不能清楚地划分，也懂得细小和巨大不可能确定清晰的界限。听人说：‘能体察大道的人不求闻达于世，修养高尚的人不会计较得失，清虚宁寂的人能够忘却自己。’这就是约束自己而达到适得其分的境界。”

原 文 YuanWen

河伯曰：“若[①]物之外，若物之内，恶至而倪贵贱[②]？恶至而倪大小？”

北海若曰：“以道观之，物无贵贱。以物观之，自贵而相贱。以俗观之，贵贱不在己。以差观之，因其所大而大之，则万物莫不大；因其所小而小之，则万物莫不小；知天地之为稊米也，知豪末之为丘山也，则差数[③]睹矣。以功观之，因其所有而有之，则万物莫不有；

因其所无而无之，则万物莫不无；知东西之相反而不可以相无，则功分[4]定矣。以趣[5]观之，因其所然而然之，则万物莫不然；因其所非而非之，则万物莫不非；知尧、桀之自然而相非[6]，则趣操矣。昔者尧、舜让[7]而帝，之、哙让而绝[8]，汤、武争而王，白公争而灭[9]。由此观之，争让之礼，尧、桀之行，贵贱有时[10]，未可以为常也。梁丽可以冲城[11]，而不可以窒[12]穴，言殊器也。骐骥、骅骝[13]一日而驰千里，捕鼠不如狸狌[14]，言殊技也。鸱鸺[15]夜撮蚤，察豪末，昼出瞋目[16]而不见丘山，言殊性也。故曰，盖师是而无非[17]、师治而无乱乎？是未明天地之理、万物之情者也。是犹师天而无地，师阴而无阳，其不可行明矣。然且语而不舍[18]，非愚则诬也！帝王殊禅，三代殊继。差其时逆其俗者，谓之篡夫[19]；当其时顺其俗者，谓之义之徒[20]。默默乎河伯！女恶知贵贱之门[21]、小大之家[22]！”

注释 Zhushi

① 若：此，这个。
② 恶至：如何，怎样。倪：端倪，有区别之义。
③ 差数：指同一物体大小的等差之数。
④ 功分：指事物的功效与本分。
⑤ 趣：情趣，趣向。
⑥ 自然：自以为对。相非：互为否定。
⑦ 让：禅让。
⑧ 之、哙（kuài）让而绝：谓燕王哙将王位禅让给宰相子之，而燕国几乎灭亡。
⑨ 白公：楚平王之孙，因起兵反楚被镇压消灭。
⑩ 有时：因时而异。

⑪ 梁丽：栋梁。丽，通“欐”。冲城：撞击城墙。
⑫ 窒：堵塞。
⑬ 骐骥、骅骝（huáliú）：皆为古代良马。
⑭ 狸（lí）：野猫。狌（shēng）：黄鼠狼。
⑮ 鸱鸺（chīxiū）：猫头鹰。蚤：跳蚤。
⑯ 瞋（chēn）目：尽力睁大眼睛。
⑰ 盖：通“盍”，何不。师：效法。无：不要，抛弃。
⑱ 舍：停止。
⑲ 篡夫：指篡夺帝位的坏人。
⑳ 义徒：指合乎高义的伟人。
㉑ 女：通“汝”，你。门：门径，引申为有关贵贱的道理。
㉒ 家：家门。引申为有关大小的道理。

译文 Yiwen

河神说：“如此事物的外表，如此事物的内在，从何处来区分它们的贵贱？又怎么来区别它们的大小？”

海神回答：“用自然的常理来看，万物本没有贵贱的区别。从万物自身来看，各自为贵而又以他物为贱。拿世俗的观点来看，贵贱不在于事物自身。按照物与物之间的差别来看，顺着各种物体大的一面去观察便会认为物体是大的，那么万物就没有什么不是大的；顺着各种物体小的一面去观察便会认为物体是小的，那么万物没有什么不是小的；知晓天地虽大比起更大的东西来也如小小的米粒，知晓毫毛之末虽小比起更小的东西来也如高大的山丘，而万物的差别和数量也就看得很清楚了。依照事物的功用来看，顺着物体所具有的一面去观察便会认为具有了这样的功能，那么万物就没有什么不具有这样的功能；顺着物体所不具有的一面去观察便会认为不具有这样的功能，那么万物就没有什么具有了这样的功能；可知东与西的方向对立相反却又不可以相互缺少，而事物的功用与本分便得以确定。从人们对事物的趋向来看，顺着各种事物肯定的一面去观察便会认为是对的，那么万物没有什么不是对的；顺着各种事物否定的一面去观察便会认为是不对的，那么万物没有什么不是错的；知晓唐尧和夏桀都自以为正确又相互否定对方，而人们的趋向与持守也就看得很清楚了。当年唐尧、虞舜禅让而称帝，宰相子之与燕王哙禅让而燕国几乎灭亡；商汤、周武王都争夺天下而成为帝王，白公胜争夺王位却遭致杀身。由此看来，争斗与禅让的礼制，唐尧与夏桀的做法，认可还是鄙夷都会因时而异，不可以把它们看作是不变的规律。栋梁之材可以用来冲击敌城，却不可以用来堵塞洞穴，说的是器物的用处不一样。骏马良驹一天奔驰上千里，捕捉老鼠却不如野猫与黄鼠狼，说的是技能不一样。猫头鹰夜里能抓取小小的跳蚤，细察毫毛之末，可是大白天睁大眼睛也看不见高大的山丘，说的是禀性不一样。所以说：怎么只看重对的一面而忽略不对的一面、看重治而忽略乱呢？这是因为不明了自然存在的道理和万物自身的实情。这就像是重视天而轻视地，重视阴而轻视阳，那不可行是十分明白的了。然而还是要谈论不休，不是愚昧便是欺骗！远古帝王的禅让各不相同，夏、商、周三代的继承也各不一样。不合时代、背逆世俗的人，称他叫篡逆之徒；合于时代、顺应世俗的人，称他叫高义之士。沉默下来吧，河神！你怎么会懂得万物间贵贱的门庭和大小的流别！”

原 文 *YuanWen*

河伯曰："然则我何为乎？何不为乎？吾辞受趣[1]舍，吾终奈何？"

北海若曰："以道观之，何贵何贱，是谓反衍[2]；无拘而[3]志，与道大蹇[4]。何少何多，是谓谢施[5]；无一而行，与道参差[6]。严乎若国之有君[7]，其无私德，繇繇乎若祭之有社[8]，其无私福；泛泛乎其若四方之无穷，其无所畛域[9]。兼怀万物，其孰承翼[10]？是谓无方[11]。万物一齐，孰短孰长？道无终始，物有死生，不恃其成；一虚一满，不位乎其形。年不可举[12]，时不可止；消息[13]盈虚，终则有[14]始。是所以语大义之方[15]，论万物之理也。物之生也，若骤若驰[16]，无动而不变，无时而不移。何为乎？何不为乎？夫固将自化[17]。"

注 释 *Zhushi*

① 趣：通"取"，进取。

② 反衍：向相反的方向延伸，即今所说的转化。

③ 而：通"尔"，你。

④ 蹇（jiǎn）：违背。

⑤ 谢施（yì）：与上文的"反衍"同义。谢，代谢，转化。施，延伸，发展。

⑥ 参差：不合，背离。

⑦ 若：像。有：语助词，无实义。与下文"有社"的"有"用法同。

⑧ 繇（yóu）繇：悠然自得的样子。社：社神，即土地神。

⑨ 畛（zhěn）域：界限。

⑩ 孰：谁。承翼：承接扶翼，指得到庇护。

⑪ 无方：没有偏向。

⑫ 举：追攀。

⑬ 消息：消亡、生长。

⑭ 有：又。

⑮ 语：谈论。大义：大道。方：方向。引申为原则。

⑯ 骤：马儿急驰。驰：车马疾行。

⑰ 固：本来。自化：自行变化。

译 文 Yiwen

河神说："既然这样，那么我应该做些什么呢？又应该不做什么呢？我将怎样推辞或接纳、趋就或舍弃，我终究将怎么办？"

海神回答："用道的观点来观察，什么是贵什么是贱，这可称之为循环往复；不必束缚你的心志，而跟大道相违碍。什么是少什么是多，这可称之为更替续延；不要偏执于事物的某一方面行事，而跟大道不相一致。端庄、威严的样子像是一国的国君，确实没有一点儿偏私的恩惠；优游自得的样子像是祭祀中的土地神，确实没有任何偏私的赐福；浩瀚周遍的样子像是通达四方而又旷远无穷，确实没有什么区分界限；兼蓄并且包藏万物，难道谁专门有所承受或者有所庇护？这就称作不偏执于事物的任何一个方面。宇宙万物本是混同齐一的，谁优谁劣呢？大道没有终结和起始，万物却都有死有生，因而不可能依仗一时的成功。时而空虚时而充实，万物从不固守于某一不变的形态。岁月不可以挽留，时间从不会停息，消退、生长、充实、空虚，宇宙万物终结便又有了开始。这样也就可以谈论大道的准则，评说万物的道理了。万物的生长，像是马儿飞奔，像是马车疾行，没有什么举动不在变化，没有什么时刻不在迁移。应该做些什么呢？又应该不做什么呢？一切必定都将自然地变化！"

原 文 YuanWen

河伯曰："然则何贵于道邪？"

北海若曰："知道者必达于理，达于理者必明于权[1]，明于权者不以物害己。至德者[2]，火弗能热，水弗能溺，寒暑弗能害，禽兽弗能贼[3]。非谓其薄之也[4]，言察乎安危，宁于祸福[5]，谨于去就[6]，莫之能害也。故曰：天[7]在内，人[8]在外，德在乎天。知天人之行，本乎天，位乎得[9]；蹢躅[10]而屈伸，反要而语极[11]。"

注 释 Zhushi

① 权：权变、应变。
② 至德者：有高尚道德修养的人，这里指得道之人。
③ 贼：伤害。
④ 薄：迫近。之：代指火水、寒暑、禽兽。
⑤ 宁：安。祸：指困穷。福：指通达。
⑥ 去：退舍。就：进取。
⑦ 天：天性，即自然本性。
⑧ 人：人事，人为。
⑨ 位：处、居。得：自得。
⑩ 蹢躅（zhízhú）：同"踯躅"，进退不定的样子。
⑪ 反：通"返"。要：枢要，即大道的关键。极：大道的极致。

译 文 Yiwen

河神说："既然如此，那么为什么还要那么看重大道呢？"

海神回答："懂得大道的人必定通达事理，通达事理的人必定明白应变，明白应变的人定然不会因为外物而损伤自己。道德修养高尚的人烈焰不能烧灼他们，洪水不能沉溺他们，严寒酷暑不能侵扰他们，飞禽走兽不能伤害他们。不是说他们逼近水火、寒暑的侵扰和禽兽的伤害而能幸免，而是说他们明察安危，安于祸福，慎处离弃与追求，因而没有什么东西能够伤害他们。所以说："天然蕴含于内里，人为显露于外在，高尚的修养则顺应自然。懂得人的行止，立足于自然的规律，居处于自得的环境，徘徊不定，屈伸无常，也就返归大道的要冲而可谈论至极的道理。"

原 文 YuanWen

曰："何谓天[①]？何谓人[②]？"

北海若曰："牛马四足，是谓天；落[③]马首，穿牛鼻，是谓人。故曰：无以人灭天，无以故灭命[④]，无以得殉名。谨守而勿失，是谓反其真[⑤]。"

注 释 Zhushi

① 天：天然，天性。
② 人：人为。
③ 落：通"络"，羁络。
④ 故：有心而为叫作故。命：自然天性。
⑤ 反：通"返"，回归。真：真性。

译 文 Yiwen

河神说："什么是天然？什么又是人为？"

海神回答："牛马生就四只脚，这就叫天然；用马络套住马头，用牛鼻绾穿过牛鼻，这就叫人为。所以说，不要用人为去毁灭天然，不要用有意的作为去毁灭自然的禀性，不要为获取虚名而不遗余力。谨慎地持守自然的禀性而不丧失，这就叫返归本真。”

原 文 YuanWen

夔怜蚿[①]，蚿怜蛇，蛇怜风，风怜目，目怜心。

夔谓蚿曰：“吾以一足趻踔[②]而行，予无如矣！今子之使万足，独奈何？”蚿曰：“不然。予不见乎唾者乎？喷则大者如珠，小者如雾，杂而下者不可胜数也。今予动吾天机[③]，而不知其所以然。”

蚿谓蛇曰：“吾以众足行而不及子之无足，何也？”蛇曰：“夫天机之所动，何可易[④]邪？吾安用足哉！”

蛇谓风曰：“予动吾脊胁而行，则有似[⑤]也。今子蓬蓬然[⑥]起于北海，蓬蓬然入于南海，而似无有，何也？”风曰：“然。予蓬蓬然起于北海而入于南海也，然而指我则胜[⑦]我，鰌[⑧]我亦胜我。虽然，夫折大木、蜚[⑨]大屋者，唯我能也，故以众小不胜为大胜也。为大胜者，唯圣人能之。”

注 释 Zhushi

① 夔(kuí)：古代神话传说中的一足兽，似牛而无角。怜：爱慕，羡慕。蚿(xián)：百足虫。

② 趻踔(chěn chuō)：跳着行走。

③ 天机：灵性，天然的本能。

④ 易：变易，改变。

⑤ 有似：似有，谓有形迹可见。

⑥ 蓬蓬然：象声词，风声。

⑦ 胜：胜过。

⑧ 鳝（qiū）：逆蹋。

⑨ 蜚：通“飞”，谓吹房拔梁。

译 文 Yiwen

独脚的夔羡慕多脚的蚿，多脚的蚿羡慕无脚的蛇，无脚的蛇羡慕无形的风，无形的风羡慕明察外物的眼睛，明察外物的眼睛羡慕内在的心灵。

夔对蚿说：“我依靠一只脚跳跃而行，没有谁再比我简便的了。现在你使用上万只脚行走，竟是怎么样的呢？”蚿说：“不对哩。你没有看见那吐唾沫的情形吗？喷出唾沫大的像珠子，小的像雾滴，混杂着吐落而下的不可以数计。如今我启动我天生的机能而行走，不过我也并不知道自己为什么能够这样。”

蚿对蛇说：“我用众多的脚行走反倒不如你没有脚，这是为什么呢？”蛇说：“仰赖天生的机能而行动，怎么可以改变呢？我哪里用得着脚呢！”

蛇对风说：“我启动我的脊柱和腰胁而行走，还是像有足而行的样子。如今你呼呼地从北海掀起，又呼呼地驾临南海，却没有留下有足而行的形迹，这是为什么呢？”风说：“是的，我呼呼地从北海来到南海。可是人们用手来阻挡我而我并不能吹断手指，人们用腿脚来踢踏我而我也不能吹断腿脚。即使这样，折断大树、掀翻高大的房屋，却又只有我能够做到，而这就是细小的方面不求胜利而求获得大的胜利。获取大的胜利，只有圣人才能做到。”

原 文 YuanWen

孔子游于匡[①]，宋人围之数帀[②]，而弦歌不惙[③]。子路入见，曰：“何夫子之娱也？”孔子曰：“来，吾语女！我讳穷久矣[④]，而不免，命也；

求通久矣，而不得，时也。当尧、舜而天下无穷人[5]，非知[6]得也；当桀、纣而天下无通人，非知失也。时势适然[7]。夫水行不避蛟龙者，渔人之勇也。陆行不避兕[8]虎者，猎夫之勇也。白刃交于前，视死若生者，烈士之勇也。知穷之有命，知通之有时，临大难而不惧者，圣人之勇也。由[9]，处矣！吾命有所制[10]矣！"

无几何，将甲者进[11]，辞曰："以为阳虎[12]也，故围之；今非也，请辞而退。"

注释 Zhushi

① 匡：卫国邑名。
② 宋：当为"卫"字之误。帀：同"匝"，周。
③ 惙：通"辍"，停止。
④ 讳：忌讳。穷：指在仕途上，或在推行政治主张方面很不顺利。
⑤ 穷人：不得志之人。
⑥ 知：通"智"，智能。
⑦ 时势：时代的形势。适然：适足以使然。
⑧ 兕（sì）：雌性犀牛。
⑨ 由：即子路，名仲由。
⑩ 制：制约，限定。
⑪ 将：率领。甲：指身着盔甲的围攻者。
⑫ 阳虎：指鲁国人阳虎，他曾暴虐匡人，长相与孔子相像。

译文 Yiwen

孔子周游到匡地，卫国人一层又一层地包围了他，可是孔子仍在不停地弹琴诵读。子路入内见孔子说："先生如此欢心是为什么呢？"孔子说："来，我告诉你！我违忌困窘蔽塞已经很久很久了，可是始终不能免除，这是命运啊。我寻求通达也已经很久很久了，可是始终未能达到，这是时运啊。当尧、舜的时代，天下没有一个困顿潦倒的人，并非因为他们都才智超人；当桀、纣的时代，天下没有一个通达的人，并非因为他们都才智低下。这都是时运所造成的。在水里活动而不躲避蛟龙的，乃是渔夫的勇敢；在陆上活动而不躲避犀牛老虎的，乃是猎人的勇敢；刀剑交错地横于眼前，看待死亡犹如生还的，乃是壮烈之士的勇敢。懂得困厄潦倒乃是命中注定，知道顺利通达乃是时运造成，面临大难而不畏惧的，这就是圣人的勇敢。仲由啊，你还是安然处之吧！我命中注定要受制啊！"

没有过多久，统带士卒的将官走了进来，深表歉意地说："大家把你看作是阳虎，所以包围了你；现在知道了你不是阳虎，请让我向你表示歉意并且撤离部队。"

原文 YuanWen

公孙龙问于魏牟曰[①]："龙少学先王之道，长而明仁义之行；合同异，离坚白；然不然，可不可；困百家之知，穷众口之辩；吾自以为至达已。今吾闻庄子之言，汒焉[②]异之。不知论之不及与？知之弗若与？今吾无所开吾喙[③]，敢问其方。"

公子牟隐机大息[④]，仰天而笑曰："子独不闻夫埳井之鼃乎[⑤]？谓东海之鳖曰：'吾乐与！出跳梁乎井干之上[⑥]，入休乎缺甃[⑦]之崖；赴水则接腋持颐[⑧]，蹶泥则没足灭跗[⑨]；还虷、蟹与科斗[⑩]，莫吾能若[⑪]也！且夫擅一壑之水[⑫]，而跨跱[⑬]埳井之乐，此亦至[⑭]矣。夫子奚不时来入观乎？’东海之鳖左足未入，而右膝已絷矣[15]，于是逡巡而却[16]，告之[17]海曰：‘夫千里之远，不足以举[18]其大；千仞之高，不足以极其深。禹之时十年九潦[19]，而水弗为加益；汤之时八年七旱，而崖不为加损[20]。夫不为顷久推移[21]，不以多少进退者[22]，此亦东海之大乐也。’于是埳井之鼃闻之，适适然[23]惊，规规然[24]自失也。且夫知不知是非之竟[25]，而犹欲观于庄子之言，是犹使蚊负山，商蚷[26]驰河也，必不胜任矣！且夫知不知论极妙之言，而自适一时之利者，是非埳井之鼃与？且彼方跐黄泉而登大皇[27]，无南无北，奭然四解[28]，沦[29]于不测；无东无西，始于玄冥[30]，反于大通[31]。子乃规规然而求之以察[32]，索之以辩，是直用管窥天，用锥指[33]地也，不亦小乎？子往矣！且子独不闻夫寿陵余子之学行于邯郸与[34]？未得国能[35]，又失其故行[36]矣，直匍匐而归耳。今子不去，将忘子之故，失子之业。”

公孙龙口呿[37]而不合，舌举[38]而不下，乃逸而走[39]。

注释 Zhushi

① 公孙龙：姓公孙，名龙，字子秉，战国时赵人。魏牟：魏国公子，名牟。
② 汒焉：自失的样子。汒，同“茫”。
③ 喙（huì）：鸟兽的嘴。此借指人的嘴。
④ 隐：依靠。机：通“几”，古人用以倚凭身体的矮小桌子。大息：叹息。
⑤ 埳井：浅井。埳，通“坎”，洼坑。鼃：通“蛙”。
⑥ 跳梁：即跳踉，腾跃跳动。干：井栏。
⑦ 缺甃（zhòu）：破砖的井壁。甃，用砖砌成的井壁。
⑧ 接、持：承托。腋：腋窝。颐：面颊。

⑨ 蹶：踏。灭跗（fū）：盖没脚背。跗，脚背。

⑩ 还（xuán）：顾视。虷（hán）：即孑孓，蚊子的幼虫。一说，赤虫。科斗：即蝌蚪。

⑪ 若：相比。

⑫ 擅：独占，独霸。壑：坑。

⑬ 跨跱（zhì）：盘踞。

⑭ 至：最大的快乐。

⑮ 縶（zhí）：卡住，绊住。

⑯ 逡巡：小心退却的样子。却：退却。

⑰ 之：指井蛙。

⑱ 举：形容。

⑲ 潦（lǎo）：雨后地面上的积水，可引申为洪灾。

⑳ 崖：海岸，可引申为海岸的水位。损：谓水位下降。

㉑ 顷：短暂。推移：改变，变化。

㉒ 多少：谓降雨量的多与少。进退：指大海的水位的升降。

㉓ 适适然：惊怖的样子。

㉔ 规规然：自失的样子。

㉕ 竟：通“境”，境界。

㉖ 商蚷（jù）：虫名，又称马蚿。

㉗ 跐：蹈。大皇：皇天。

㉘ 奭（shì）然：阻碍物消散的样子。四解：四面畅通。

㉙ 瀹（yuè）：浸渍，可引申为深入。

㉚ 玄冥：即无极，指宇宙未产生时的混沌昏昧状态。

㉛ 大通：大道。

㉜ 乃：却，竟然。规规然：求索经营的样子。察：小聪明。

㉝ 指：测。

㉞ 寿陵：燕国地名。余子：少年。

㉟国能：赵人行步的绝技。
㊱故行：原先的步法。
㊲呿（qū）：张口的样子。
㊳举：高抬。
㊴逸：遁逃。走：逃跑。

译文 Yiwen

公孙龙向魏牟问道："我年少的时候学习古代圣王的主张，长大以后懂得了仁义的行为；能够把事物的不同与相同合而为一，把一个物体的质地坚硬与颜色洁白分离开来；能够把不对的说成是对的，把不应认可的看作是合宜的；能够使百家智士困惑不解，能够使众多善辩之口理屈词穷：我自以为是最为通达的了。如今我听了庄子的言谈，感到十分茫然。不知是我的论辩比不上他呢，还是我的知识不如他呢？现在我已经没有办法再开口了，冒昧地向你请教其中的道理。"

魏牟靠着几案深深地叹了口气，然后又仰头朝天笑着说："你不曾听说过那浅井里的青蛙吗？井蛙对东海里的鳖说：'我实在快乐啊！我跳跃玩耍于井口栏杆之上，进到井里便在井壁砖块破损之处休息。跳入水中，井水漫入腋下并且托起我的下巴，踏入泥里，泥水就盖住了我的脚背，回过头来看看水中的那些赤虫、小蟹和蝌蚪，没有谁能像我这样的快乐！再说我独占一坑之水，盘踞一口浅井的快乐，这也是极其称心如意的了。你怎么不随时来井里看看呢？'东海之鳖左脚还未能跨入浅井，右膝就已经被绊住。于是迟疑了一阵子之后又把脚退了出来，把大海的情况告诉给浅井的青蛙，说：'千里的遥远，不足以称述它的大；千仞的高旷，不足于探究它的深。夏禹时代，十年里有九年水涝，而海水不会因此增多；商汤时代，八年里有七年大旱，而岸边的水位不会因此下降。不因为时间的短暂与长久而有所改变，不因为雨量的多少而有所增减，这就是东海最大的快乐。’浅井之蛙听了这一席话，惊惶不安，茫然不知所措。再说你公孙龙的才智还不足以知晓是与非的境界，却还想去察悉庄子的言谈，这就像驱使蚊虫去背负大山，驱使马蚿虫到河水里去奔跑，必定是不能胜任的。而你的才智不足以通晓极其玄妙的言论，竟自去迎合那些一时的胜利，这不就像是浅井里的青蛙吗？况且庄子的思想主张正俯极黄泉登临苍天，不论南北，释然四散通达无阻，深幽沉寂不可探测；不论东西，起于幽深玄妙之境，返归广阔通达之域。你竟拘泥浅陋地用察视的办法去探寻它的奥妙，用论辩的言辞去索求它的真谛，这只不过是用竹管去窥视高远的苍天，用锥子去测量浑厚的大地，不是太渺小了吗！你还是走吧！而且你就不曾听说过那燕国寿陵的小子到赵国的邯郸去学习走步之事吗？未能学会赵国的本事，又丢掉了他原来的本领，最后只得爬着回去了。现在你还不尽快离开我这里，必将忘掉你原有的本领，而且也必将失去你原有的学业。”

公孙龙听了这一番话张大着口而不能合拢，舌头高高抬起而不能放下，于是快速地逃走了。

原　文 YuanWen

庄子钓于濮水[①]，楚王使大夫二人往先焉[②]，曰：“愿以境内累矣！”

庄子持竿不顾，曰：“吾闻楚有神龟，死已三千岁矣，王巾笥而藏之庙堂之上[③]。此龟者，宁其死为留骨而贵乎？宁其生而曳尾于涂中乎[④]？”二大夫曰：“宁生而曳尾涂中。”庄子曰：“往矣，吾将曳尾于涂中。”

惠子[5]相梁，庄子往见之。或[6]谓惠子曰：“庄子来，欲代之相。”于是惠子恐，搜[7]于国中，三日三夜。

庄子往见之，曰：“南方有鸟，其名为鹓鸰[8]，子知之乎？夫鹓刍鸟，发于南海而飞于北海；非梧桐不止[9]，非练实[10]不食，非醴泉[11]不饮。于是鸱得腐鼠[12]，鹓鸰过之，仰而视之曰：‘吓[13]！’今子欲以子之梁国而吓我邪？”

庄子与惠子游于濠梁[14]之上。庄子曰：“儵[15]鱼出游从容，是鱼之乐也？”惠子曰：“子非鱼，安知鱼之乐？”庄子曰：“子非我，安知我不知鱼之乐？”惠子曰：“我非子，固不知子矣；子固非鱼也，子之不知鱼之乐，全矣。”庄子曰：“请循其本[16]。子曰‘汝安知鱼乐’云者，既已知吾知之而问我。我知之濠上也。”

注释 Zhushi

① 濮水：水名，在今安徽芡河的上游。
② 楚王：楚威王，名熊商，怀王之父。先：谓先以非正式的方式，宣明楚王的意图。
③ 巾：用来覆盖贵重器物的巾幂。笥（sì）：盛装衣物的方形竹箱。
④ 宁：宁肯。涂：泥。
⑤ 惠子：即惠施，庄子的好友。
⑥ 或：有人。
⑦ 搜：搜捕。
⑧ 鹓鶵（yuānchú）：传说中与鸾凤同类的鸟。
⑨ 止：栖息。
⑩ 练实：竹实。

⑪ 醴（lǐ）泉：甘美如醴的泉水。醴，甜酒。
⑫ 鸱（chī）：猫头鹰。腐鼠：臭老鼠。
⑬ 吓：怒声。
⑭ 濠（háo）梁：濠水上的桥梁。濠水，在今安徽凤阳县境内。
⑮ 鯈（tiáo）：通“鲦”，白条鱼。
⑯ 循：顺，追溯。本：始，指原来的问话。

译 文 Yiwen

庄子在濮水边垂钓，楚王派遣两位大臣先行前往致意，说：“楚王愿将国内政事委托给你而劳累你了。”

庄子手把钓竿头也不回地说：“我听说楚国有一神龟，已经死了三千年了，楚王用竹箱装着它，用巾饰覆盖着它，珍藏在宗庙里。这只神龟，是宁愿死去为了留下骨骸而显示尊贵呢，还是宁愿活着在泥水里拖着尾巴呢？”两位大臣说：“宁愿拖着尾巴活在泥水里。”庄子说：“你们走吧！我仍将拖着尾巴生活在泥水里。”

惠子在梁国做宰相，庄子前往看望他。有人对惠子说：“庄子来梁国，是想取代你做宰相。”于是惠子恐慌起来，在都城内搜寻庄子，整整三天三夜。

庄子前往看望惠子，说：“南方有一种鸟，它的名字叫鹓鸰，你知道吗？鹓鸰从南海出发飞到北海，不是梧桐树它不会停息，不是竹子的果实它不会进食，不是甘美的泉水它不会饮用。正在这时一只鹞鹰寻觅到一只腐烂了的老鼠，鹓鸰刚巧从空中飞过，猫头鹰抬头看着鹓鸰，发出一声怒叱：‘吓！’如今你也想用你的梁国来怒叱我吗？”

庄子和惠子一道在濠水的桥上游玩。庄子说：“白鯈鱼游得多么悠闲自在，这就是鱼儿的快乐。”惠子说：“你不是鱼，怎么知道鱼的快乐？”庄子说：“你不是我，怎么知道我不知道鱼儿的快乐？”惠子说：“我不是你，固然不知道你；你也不是鱼，你不知道鱼的快乐，也是完全可以肯定的。”庄子说：“还是让我们顺着先前的话来说。你刚才所说的‘你怎么知道鱼的快乐’的话，就是已经知道了我知道鱼儿的快乐而问我，而我则是在濠水的桥上知道鱼儿快乐的。”

寓　言

文章题解 Wenzhang Tijie

“寓言”本是篇首二字，但也是本文讨论的主要内容之一。所谓寓言，就是寄寓的言论。《庄子》阐述道理和主张，常假托于故事人物，寓言的方法正是《庄子》语言表达上的一大特色。

全文大体分成六个部分，第一部分至“天均者天倪也”，讨论了“寓言”、“重言”和“卮言”，指出宇宙万物从根本上说是齐一的、等同的，辨析事物的各种言论说到底是不符合客观事理的，要么不如忘言，要么随顺而言不留成见，日日变化更新。第一部分是全文的主体。第二部分至“吾且不得及彼乎”，借庄子之口评说孔子不再励志用心，指出再好的言论也不能使人心悦诚服。第三部分至“如观雀蚊虻相过乎前也”，写曾参两次做官心情不一样，但都不能做到心无牵挂，所以还是不能摆脱外物的拘系。第四部分至“若之何其有鬼邪”，表述体悟大道的过程，指出这其间最为重要的是忘却死生。第五部分至“强阳者又何以有问乎”，写影外微阴问影子变化不定的故事，指出无所依待才能随心而动。余下为第六部分，写老子对阳子居的批评以及阳子居的悔改，借此说明去除骄矜，容于众人，方才能真正做到修身养性。

原 文 YuanWen

寓言[1]十九，重言[2]十七，卮言[3]日出，和以天倪[4]。寓言十九，藉[5]外论之。亲父不为其子媒[6]。亲父誉之，不若非其父者也；非吾[7]罪也，人之罪也。与己[8]同则应，不与己同则反；同于己为是之[9]，异于己为非之。重言十七，所以已[10]言也，是为耆艾[11]。年先矣，而无经纬本末以期年耆者[12]，是非先也。人而无以先人，无人道也；人而无人道，是之谓陈人[13]。卮言日出，和以天倪，因以曼衍[14]，所以穷年[15]。

不言则齐[16]，齐与言不齐，言与齐不齐也，故曰无言。言无言，终身言，未尝不言；终身不言，未尝不言。有自[17]也而可，有自也而不可；有自也而然，有自也而不然。恶乎然？然于然。恶乎不然，不然于不然。恶乎可，可于可。恶乎不可？不可于不可。物固有所然，物固[18]有所可，无物不然，无物不可。非卮言日出，和以天倪，孰得其久[19]！万物皆种也[20]，以不同形相禅[21]，始卒[22]若环，莫得其伦[23]，是谓天均[24]。天均者，天倪也。

注 释 Zhushi

① 寓言：寄托寓意的言论。寓，寄。

② 重言：谓先哲时贤之言。

③ 卮（zhī）言：指作者自己那些不着边际的议论。日出：谓天天有所出现。

④ 和：合。天倪：自然的分际。

⑤ 藉：通“借”，借助。

⑥ 媒：做媒。

⑦ 吾：指父亲。
⑧ 己：指世人。
⑨ 为：则。是：肯定。
⑩ 已：止。
⑪ 是：这。耆艾：对老人的称呼。六十岁为耆，五十岁为艾。
⑫ 经纬本末：谓经纬天下的才德学识。期：合。
⑬ 陈人：老朽之人。
⑭ 曼衍：流行不定，游衍自得。
⑮ 穷年：终其天年。
⑯ 言：指主观成见的言论。齐：齐一，齐同。
⑰ 自：根由。
⑱ 固：本来。
⑲ 久：传之久远。
⑳ 皆种：都有种类。
㉑ 禅：传续，传接。
㉒ 卒：终。
㉓ 伦：头绪。
㉔ 天均：天然自运的陶均。

译文 Yiwen

寄寓的言论十句有九句让人相信，引用前辈圣哲的言论十句有七句让人相信，随心表达、无有成见的言论天天变化更新，跟自然的区分相吻合。寄寓之言十句有九句让人相信，是因为借助于客观事物的实际来进行论述。做父亲的不给自己的儿子做媒。做父亲的夸赞儿子，总不如别人来称赞显得真实可信；这不是做父亲的过错，是人们易于猜疑的过错。跟自己的看法相同就应和，跟自己的看法不同就反对；跟自己的看法一致就肯定，跟自己的看法不一致就否定。引述前辈圣哲的言论十句有七句让人相信，是因为传告了前辈的论述，这些人都是年事已高的长者。年龄比别人大，却不能具备治世的本领和通晓事理的端绪而符合长者的厚德，这样的人就不能算是前辈长者。一个人如果没有什么先于他人的长处，也就缺乏做人之道；一个人如果缺乏做人之道，这就称作陈腐无用的人。随心表达、无有成见的言论天天变化更新，跟自然的区分相互吻合，因循无尽的变化与发展，因此能持久延年。

不用说话事物的常理自然齐一，原本齐一的自然之理跟分辨事物的言论相比就不可能等同齐一了，既然言论跟客观齐一的自然之理不能谐和一致，所以虽然有话可说却不如不说。说出跟自然常理不能谐和一致的话就如同没有说话，终身在说话，也像是不曾说过话；而终身不说话，也未尝不是在说话。总是有所缘由方才认可，也总是有所缘由而不予认可；总是有所缘由方才肯定，也总是有所缘由而否定。怎么算是正确的？正确的就在于是正确的。怎样算是不正确的？不正确的就在于是不正确的。怎样才可以肯定？肯定就在于它可以肯定。怎样才应当否定？否定就在于它应当否定。万物原本就有它正确的方面，万物原本就有它可以肯定的方面，没有什么物类不存在正确的方面，没有什么物类不存在应当肯定的方面。如果不是随心表达、无有成见的言论天天变化更新，跟自然的区分相互吻合，什么言论能够维持长久？万物都有一个共同的起源，却用不同的形态相互替代，开始和结束就像在循环往返，没有谁能够掌握其间的规律，这就称作自然的均衡。自然的均衡也就是常说的自然的分际。

原文 YuanWen

庄子谓惠子曰："孔子行年六十而六十化[①]，始时所是，卒而非之，未知今之所谓是之非五十九非也。"惠子曰："孔子勤志服知也[②]。"庄子曰："孔子谢之矣[③]，而其未之尝言。孔子云：'夫受才乎大本[④]，复灵以生。'鸣而当律[⑤]，言而当法。利义陈乎前，而好恶是非直[⑥]服人之口而已矣。使人乃以心服，而不敢蘁立[⑦]，定天下之定。已乎已乎！吾且不得及彼[⑧]乎！"

注释 Zhushi

① 行年：经历过的年岁。化：谓改善自己的品行。
② 服：用。知：通"智"，智力。也：即"邪"，表疑问。
③ 谢：弃绝。之：指励志用智之迹。
④ 乎：于。大本：指天。
⑤ 而：则。当：中于。
⑥ 直：特。
⑦ 蘁（wù）立：逆立，即违逆之意。
⑧ 彼：指孔子。

译文 Yiwen

庄子对惠子说："孔子活了六十岁而六十年来随年变化与日俱新，当初所肯定的，最终又作了否定，不知道现今所认为是对的不就是五十九岁时所认为是不对的。"惠子说："孔子勤于励志用心学习。"庄子说："孔子励志用心的精神已经大为减退，你不必再妄自评说。孔子说过：'禀受才智于

自然，回复灵性以全生。’如今发出的声音合于乐律，说出的话语合于法度。如果将利与义同时陈列于人们的面前，进而分辨好恶与是非，这仅仅只能使人口服罢了。要使人们能够内心诚服，而且不敢有丝毫违逆，还得确立天下的定规。算了算了，我还比不上他呢！”

原 文 YuanWen

曾子再仕而心再化①，曰："吾及亲②仕，三釜③而心乐；后仕，三千钟而不洎④，吾心悲。"弟子问于仲尼曰："若参者，可谓无所县⑤其罪乎？"曰："既已县矣。夫无所县者，可以有哀乎？彼⑥视三釜三千钟，如观雀⑦蚊虻相过乎前也。"

注 释 Zhushi

① 曾子：姓曾，名参，孔子弟子。化：谓心境变迁。
② 及亲：当双亲在世时。
③ 釜：古代以六斗四升为一釜。
④ 钟：古代以十釜为一钟，即六斛四斗。不洎（jì）：指不及养亲。洎，及。
⑤ 县：通"悬"，系，困缚。
⑥ 彼：指一无系累的人，即至人。
⑦ "雀"字：前当补"鸟"字，文意乃全。

译 文 Yiwen

曾参第二次出来做官内心感情较前一次又有了变化，说："我当年做官双亲在世，三釜微薄的俸禄也令人感到快乐；自那以后再次做官，三千钟的丰厚俸禄也赶不上赡养双亲了，所以我心里很悲伤。"孔子的弟子问孔子：

“像曾参这样至孝的人，可以说是没有牵挂俸禄的过错吧？”孔子说：“曾参的心思已经跟俸禄联系起来了。如果内心没有牵挂，会出现悲伤的感情吗？对待俸禄心无所系的人他们看待三釜乃至三千钟，就像是看待雀儿和蚊虻从眼前飞过一样。”

原 文 YuanWen

颜成子游谓东郭子綦曰①：“自吾闻子之言，一年而野②，二年而从③，三年而通④，四年而物⑤，五年而来⑥，六年而鬼入⑦，七年而天成⑧，八年而不知死、不知生，九年而大妙⑨。”

“生有为，死也，劝公⑩。以其死也，有自⑪也；而生阳⑫也，无自也。而⑬果然乎？恶⑭乎其所适？恶乎其所不适？天有历数⑮，地有人据⑯，吾恶乎求之？莫知其所终，若之何其无命也？莫知其所始，若之何其有命也？有以相应也，若之何其无鬼邪？无以相应也，若之何其有鬼邪？”

注 释 Zhushi

① 颜成子游：姓颜成，名偃，字子游，子綦弟子。见《齐物论》注。东郭子綦：即南郭子綦。
② 野：谓返朴还淳。
③ 从：谓舍己顺俗。
④ 通：谓人我为一，没有畛域。
⑤ 物：谓块然如物，没有知觉。
⑥ 来：谓大道来集。
⑦ 鬼入：谓鬼神冥附。

⑧ 天成：谓与天为一。
⑨ 大妙：达到大道灵妙玄通的境界。
⑩ 劝：助。公：指公正的天道。
⑪ 自：原因。
⑫ 生阳：谓生命力活跃。
⑬ 而：通“尔”，你。
⑭ 恶：何，哪里。
⑮ 历数：谓星辰日月之往来。或谓寒暑春秋。
⑯ 人据：谓方域版图。

译文 Yiwen

颜成子游对东郭子綦说：“自从我听了你的谈话，一年之后就返归质朴，两年之后就顺从世俗，三年豁然贯通，四年与物混同，五年神情自得，六年灵会神悟，七年融于自然，八年就忘却生死，九年之后便达到了玄妙的境界。”

东郭子綦说：“生前驰逐外物恣意妄为，必然要走向死亡，劝诫人们事事求取平正。生命的终结，有它一定的原因；可是生命的产生却是感于阳气，并没有什么显明的迹象。你果真能够这样认识人的生与死吗？那么生与死何处算是适宜？又何处不算适宜呢？天有日月星辰和节气的变化，地有人们居住区域和寓所的划分，我又去哪里追求什么呢？没有人能够真正懂得生命的归向与终点，怎么能说没有命运安排？没有人能够真正懂得生命的起始与形成，又怎么能说存在命运的安排？有时候可以跟外物形成相应的感召，怎么能说没有鬼神主使呢？有时候又不能跟外物形成相应的感召，又怎么能说是存在鬼神的驱遣呢？”

原 文 YuanWen

众罔两问于景曰[①]：“若向也俯而今也仰[②]，向也括而今也被发[③]，向也坐而今也起，向也行而今也止，何也？”景曰：“搜搜[④]也，奚稍问[⑤]也！予有而不知其所以。予，蜩甲[⑥]也，蛇蜕[⑦]也，似之而非也。火与日，吾屯[⑧]也；阴与夜，吾代[⑨]也。彼吾所以有待邪[⑩]？而况乎以无有待者乎！彼来则我与之来，彼往则我与之往，彼强阳[⑪]则我与之强阳。强阳者又何以有问乎！”

注 释 Zhushi

① 罔两：影外微阴，即影子的影子。景：通“影”。
② 若：你。向：往昔。
③ “括”字：下面当补一“撮”字，文意乃全。括撮，束拢头发。被：通“披”。
④ 搜搜：谓区区。
⑤ 奚稍问：犹言“何消问”，即何须问。
⑥ 蜩甲：蝉壳。
⑦ 蛇蜕：蛇皮。
⑧ 屯：聚。
⑨ 代：散灭。
⑩ 彼：指有形之物。待：依赖，凭借。
⑪ 强阳：谓徜徉，闲游。

译 文 Yiwen

影外的微阴向影子问道：“你先前低着头现在仰起头，先前束着发髻现在披着头发，先前坐着现在站起，先前行走现在停下来，这是什么原因呢？”影子回答：“我就是这样地随意运动，有什么可问的呢？我如此行止自己也不知道为什么会是这样。我，就如同寒蝉蜕下来的壳、蛇蜕下来的皮，跟那本体事物的相似却又不是那事物本身。火与阳光，使我聚合而显明；阴与黑夜，使我得以隐息。可是有形的物体真的就是我赖以存在的凭借吗？何况是没有任何依恃的事物呢！有形的物体到来，我便随之到来；有形的物体离去，我也随之离去，有形的物体徘徊不定，我就随之不停地运动。变化不定的事物有什么可问的呢？"

原 文 YuanWen

阳之居南之沛[①]，老聃西游于秦，邀[②]于郊，至于梁[③]而遇老子。老子中道[④]仰天而叹曰："始以汝为可教，今不可也。"阳子居不答。至舍[⑤]，进盥漱巾栉[⑥]，脱屦[⑦]户外，膝行而前曰："向者弟子欲请夫子[⑧]，夫子行不闲，是以不敢。今闲矣，请问其过。"老子曰："而睢睢盱盱[⑨]，而谁与居？大白若辱[⑩]，盛德若不足。"阳子居蹴然[⑪]变容曰："敬闻命矣！"其往[⑫]也，舍者迎将[⑬]。其家公[⑭]执席，妻执[⑮]巾栉，舍者[⑯]避席，炀者[⑰]避灶。其反[⑱]也，舍者与之争席矣。

注 释 Zhushi

① 阳子居：即杨朱，战国时魏国人。之：到，往。沛：即今江苏徐州。
② 邀：邀迎，迎候。
③ 梁：沛郊的地名。
④ 中道：途中。
⑤ 舍：旅舍。
⑥ 盥（guàn）：洗手器具。漱：指漱口用具。栉：梳子。

⑦ 屦（jù）：用麻葛制成的单底鞋。
⑧ 向者：刚才。夫子：对老子的尊称。
⑨ 而：你。睢睢盱（xū）盱：跋扈傲视的样子。
⑩ 辱：谓黑。
⑪ 蹴（cù）然：惭愧不安的样子。
⑫ 其：指阳子居。
⑬ 舍者：指旅舍中的所有人，包括主人和客人等。将：送。
⑭ 家公：指旅舍男主人。
⑮ 妻：指旅舍女主人。
⑯ 舍者：指先居旅舍的客人。
⑰ 炀者：燃火者，即炊夫。
⑱ 反：通“返”。

译文 Yiwen

阳子居往南到沛地去，正巧老聃到西边的秦地闲游，阳子居估计将在沛地的郊野遇上老聃，可是到了梁城方才见上面。老子在半路上仰天长叹说："当初我把你看作是可以教诲的人，如今看来你是不可受教的。"阳子居一句话也没说。到了旅店，阳子居进上各种盥洗用具，把鞋子脱在门外，双脚跪着上前说道："刚才弟子正想请教先生，正赶上先生旅途中没有空闲，所以不敢贸然启齿。如今先生闲暇下来，恳请先生指出我的过错。"老聃说："你仰头张目傲慢跋扈，你还能够跟谁相处？过于洁白的好像总会觉得有什么污垢，德行最为高尚的好像总会觉得有什么不足之处。"阳子居听了脸色大变、羞惭不安地说："弟子由衷接受先生的教导。"阳子居刚来旅店的时候，店里的客人都对他迎来送往，旅舍的男主人亲自为他安排座席，女主人亲手拿着毛巾梳子侍候他盥洗，旅客们见了他都得让出座位，烤火的人见了也就远离火边。等到他离开旅店的时候，旅店的客人已经对他不再拘束，跟他争席而坐了。